安徽大學漢字發展與應用研究中心 編

徐在國 主編

戰國文字研究 第三輯

圖書在版編目(CIP)數據

戰國文字研究.第三輯/安徽大學漢字發展與應用研究中心編；徐在國主編.—合肥：安徽大學出版社，2021.7
ISBN 978-7-5664-2269-9

Ⅰ.①戰… Ⅱ.①安… ②徐… Ⅲ.①漢字－古文字－研究－戰國時代 Ⅳ.①H121

中國版本圖書館CIP數據核字(2021)第146940號

戰國文字研究（第三輯）
Zhanguo Wenzi Yanjiu

安徽大學漢字發展與應用研究中心　編
徐在國　主編

出版發行：	北京師範大學出版集團
	安徽大學出版社
	（安徽省合肥市肥西路3號 郵編230039）
	www.bnupg.com.cn
	www.ahupress.com.cn
印　刷：	合肥远东印务有限责任公司
經　銷：	全國新華書店
開　本：	185mm×260mm
印　張：	10.25
字　數：	163千字
版　次：	2021年7月第1版
印　次：	2021年7月第1次印刷
定　價：	60.00圓

ISBN 978-7-5664-2269-9

策劃編輯：李　君	裝幀設計：李　軍
責任編輯：李加凱	美術編輯：李　軍
責任校對：龔婧瑶	責任印製：陳　如　孟獻輝

版權所有　侵權必究

反盗版、侵權舉報電話：0551－65106311
外埠郵購電話：0551－65107716
本書如有印裝質量問題，請與印製管理部聯繫調換。
印製管理部電話：0551－65106311

目　錄

關于《柏舟》詩"髧彼兩髦"的重新理解　　　　　　　　　　　　　曹錦炎（1）

讀如字：從安大簡《詩經》談簡帛學的"趨同"與"立异"現象（六則）夏含夷（4）

《詩經·秦風·駟驖》"歇驕"解　　　　　　　　　　　　　　　　郝士宏（14）

《詩經》類楚簡文字對讀兼談相關問題　　　　　　　　　　　　　周　翔（23）

長沙楚帛書十二月神獸考　　　　　　　　　　　　　　　　　　　連劭名（31）

上博簡《舉治王天下》簡22、簡24補字連讀及"寺（志）"字訓讀　　黄武智（35）

讀清華簡《攝命》篇脞錄　　　　　　　　　　　　　　　　　　　侯乃峰（42）

说《治政之道》的"兼專"　　　　　　　　　　　　　　　　　　　薛培武（52）

清華簡八《治邦之道》補釋一則　　　　　　　　　　　　　　　　張　飛（60）

讀《馬圈灣漢簡集釋》札記　　　　　　　　　　　　　　　　　　陳宣陽（66）

季子康鎛"戚"字及其相關問題考辨　　　　　　　　　　　　　　徐文龍（69）

新見金文補釋二則　　　　　　　　　　　　　　　　　　　　　　張一方（78）

真山楚國官印文字的復原和解釋
　　——兼談戰國文字地名後帶"邦"字的資料　　　　　　　　　李家浩（83）

新鄭新出陶文擷英　　　　　　　　　　　　　　樊温泉　張新俊（98）

新鄭新出陶文"彭嘉"考釋　　　　　　　　　　　張新俊　樊温泉（109）

木葉堂藏燕陶文選録　　　　　　　　　　　　　　　　　　　　　楊　爍（121）

古陶文珍品著録的集大成者
　　——《步黟堂古陶文集存》　　　　　　　　　　　　　　　　徐在國（130）

關于《柏舟》詩"髧彼兩髦"的重新理解

曹錦炎

〔摘　要〕《柏舟》詩"髧彼兩髦",安大簡异文作"淋彼兩鴄"。學者指出"淋"是"湛"之本字、"鴄"是"鶩"字异體,可信。《柏舟》"髧彼兩髦"實爲"湛彼兩鶩"之訛,當以安大簡本用字爲正。"湛彼兩鶩"指兩隻鴨子在水上或沉或浮。詩人在"泛彼柏舟"時,"在彼中河""在彼河側",見此情形,因以之起興。

〔關鍵詞〕　安大簡　柏舟　髧彼兩髦　湛　鶩

《詩·鄘風·柏舟》:

泛彼柏舟,在彼中河。髧彼兩髦,實維我儀。之死矢靡它。母也天只! 不諒人只!

泛彼柏舟,在彼河側。髧彼兩髦,實維我特。之死矢靡慝。母也天只! 不諒人只!

《毛詩正義》詩序曰:"《柏舟》,共姜自誓也。衛世子伯蚤死,其妻守義,父母欲奪而嫁之,誓而弗許,故作是詩以絕之。"

新發現的安徽大學藏戰國楚簡《詩經·柏舟》篇,"髧彼兩髦"之"髧""髦"兩字皆出現异文。其中"髧"字構形從雙"水"中"禾",同于清華簡、上博簡下引之字:

（《清華一·楚居》）　　　　（《清華一·楚居》）

（《上博八·蘭賦》）

字當隸定作"淋"。

黄德寬教授指出:"髧"字《齊詩》《韓詩》皆作"紞"(《說文》"髡"下引詩也如此),《釋文》本又作"髡",安大簡《柏舟》詩此字兩章异文則皆作此形。"髧"

"紌""伏"等"尤"聲字屬端紐或定紐侵部。簡文"渹"字是"髧"的異文,這個字是以會意方式構成的"湛"字("湛"爲定紐侵部字),也就是"沈"("沉")的古字,其構形模式與甲骨文表示"貍沈"的"湛"字一致。①

再來看"髦"字,安大簡第一、二章字作:

徐在國教授指出:

> 袁梅先生在《詩經异文彙考辨證》中指出:"《齊詩》《韓詩》作'鬏'。《説文·彡部》引《詩》作'紌彼兩鬏',又云'髳,鬏或省'。字亦作豽。按:'鬏'爲本字,'髦'爲假借字。'髳''豽'皆爲'鬏'之省。"袁梅先生所説可從。安大簡的此字應隸定爲"豽",從"鳥","矛"聲,疑爲"鶩"字異體。《説文·鳥部》:"鶩,舒鳧也。從鳥,敄聲。"字在簡文中讀爲"鬏(髳)"。《説文·彡部》:"鬏,髮至眉也。《詩》曰:'紌彼兩鬏。'髳,鬏或省。"《毛詩》作"髦"當是通假。"毛"和"矛"聲字古通,如《釋文》:"髦音毛,《説文》作'髳',音同。"《説文·彡部》引"髦"作"鬏"。《説文》:"楘,讀若髦。"②

按,黄文指出"渹"是"湛"之本字;徐文指出"豽"是"鶩"字異體,可謂不刊之論。但分别以"渹"字是"髧"的异文,"豽"在簡文中讀爲"鬏(髳)",皆仍回歸詩之舊解,則有可商。筆者以爲,《詩經·柏舟》"髧彼兩髦",實爲"湛彼兩鶩"之訛,當以安大簡本用字爲正,去理解詩之本義。

《説文》:"鶩,舒鳧也。""舒鳧,鶩也。"以鶩、鳧同訓,指水禽鴨子,段玉裁注:"舍人、李巡云:鳧,野鴨名;鶩,家鴨名。"《左傳·襄公二十八年》:"公膳日雙雞,饔人竊更之以鶩。"孔穎達疏引舍人曰:"鳧,野名也;鶩,家名也。"是"鶩"指家鴨,"鳧"稱野鴨。又,"鶩"也可指野鴨,《禽經》:"水鶩澤成群,擾則逐。"張華注:"鶩,野鴨也。"簡文之"兩鶩",就是指兩隻鴨子,無論其是家鴨還是野鴨。

《説文》:"湛,没也。從水,甚聲。"又,"没,沈也。從水,從殳"。可見許慎是以"沈没"之義訓"湛"。前人早已指出,傳世文獻中"湛""沈"二字通假例子

---

① 黄德寬:《釋新出戰國楚簡中的"湛"字》,《中山大學學報》2018年第1期。
② 徐在國:《試説古文字中的"矛"及從"矛"的一些字》,《簡帛》第十七輯,第3頁、6頁。

甚多（可參看黃文），可以證成許說。簡文"淰"字原篆構形象"禾"没于水中之形，本是會意字，寫作"湛"，乃是改成的後起形聲字。簡文之"湛"，用作動詞，乃指鴨子在水上的活動（鴨子潛入水中捕食小魚蝦爲習見動作）。

因此，《詩·柏舟》"湛彼兩鷖"的本意指兩隻鴨子在水上或沉或浮。這是詩人在"泛彼柏舟"時，"在彼中河""在彼河側"見到兩隻鴨子在水中的情景，其或在河中，或在河側，或沉或浮，形影不離。詩人因此引起聯想和感嘆，即以之起興。

退一步講，若按《詩·柏舟》"髧彼兩髦"舊解，"髧"指髮垂貌；"髦"指髮垂至眉，兩髦夾囟，本幼小之飾。① 原是描述兩個未成年之男、女幼童。那他們怎麽會不顧生命危險，出現"在彼中河""在彼河側"，而能嬉戲水上？除非是游泳健將！至于詩義，是否如《毛詩正義》序所説，則另當別論。

附帶指出，上海博物館藏楚竹書《蘭賦》篇中，謂蘭："汗（旱）亓（其）不雨，可（何）淰（湛）而不沽（涸）?"按：《説文》謂"湛，没也。從水，甚聲"是其本義，引申則爲厚重之貌。《楚辭·九章·悲回風》："吸湛露之浮源兮。"王逸注："湛，厚。"《楚辭·九章·哀郢》："忠湛湛而願進兮，妒被離而鄣之。"又，《詩·小雅·南有嘉魚之什·湛露》云："湛湛露斯，匪陽不晞。"毛亨《傳》："湛湛，露茂盛貌。"指露水濃重貌。《管子·地員》："五粟之土，乾而不挌，湛而不澤，無高下葆澤以處，是謂粟土。"尹知章注："言常潤也。""湛"表"濕潤"義。簡文的意思謂天久旱不雨，（蘭）爲何能够常保持濕潤而不涸？也就是説蘭草能在惡劣環境中生長而不枯萎。"湛"與"涸"相對爲文。② 可見，《蘭賦》簡文中的"淰"即"湛"之本字，訓爲"濕潤"，并非用作"沈"字的"沈没"義，與安大簡《詩·柏舟》"淰（湛）彼兩鷖"的"湛"字所訓不同。

（曹錦炎：中國美術學院漢字文化研究院，310002，杭州）

---

① 參見屈萬里：《詩經釋義》，臺北：中國文化大學出版部，1980年，第75頁。
② 黃德寬：《釋新出戰國楚簡中的"湛"字》，《中山大學學報》2018年第1期。

讀如字:從安大簡《詩經》談簡帛學的"趨同"與"立异"現象(六則)

夏含夷

〔摘　要〕　本文討論安大簡和傳世本《詩經》六組不同類別异文,據之討論所謂訓詁學的"趨同"和"立异"傾向。《關雎》"要翟"應和傳本"窈窕"相同,爲一詞的不同寫法。《黄鳥》"鴍鴍"對應傳本"交交",從簡文"鳴"來看,兩個寫法都祇是象聲字。《碩鼠》的"䋤"和傳本"貫"音義相近,可以説是通假字。《關雎》"伓"雖和傳本"服"同音可通,但讀如"陪同"的"陪"或"配偶"的"配",于詩意更合。《蟋蟀》簡文"無"應讀如傳世本的"荒","無"和"荒"可能來自同一字,即"芒",這兩個异文反映了兩種不同的演化路徑。簡本《蟋蟀》"毋已内康,猶思其外"之"内"傳本作"大"。"内"可能是安大簡《詩經》的抄手(或者他之前某一個抄手)爲了强調"内""外"之間的關係而特意改變的。《毛詩》的"大"字可能吸收另外一個抄寫傳統,反映的是詩原來的面貌。在這種情況下,"内"應讀"大"。

〔關鍵詞〕　安大簡　《詩經》簡帛學　趨同立异

2015 年安徽大學入藏了一大批戰國時代的楚簡,在 2019 年公布了第一批,一共有 93 枚,内容爲《詩經》。《安徽大學藏戰國竹簡(一)》已經作了很好的介紹,于此毋庸再贅述。① 安大簡《詩經》雖然和傳世本《詩經》基本相同,可是也有大量的异文。當然這些异文中,很多僅僅是楚系文字和楷書文字的不同寫法而已,祇是异體字而不是真正的异文。然而,也有不少例子確實不但字不同,詞也不同。哪些异文祇是字形上的不同,哪些是詞彙上的不同,這是傳統訓詁學的最基本問題。雖然出土文獻增加了這個問題的複雜性,但是也提供了解決某些問題的新信息。

---

① 安徽大學漢字發展與應用研究中心:《安徽大學藏戰國竹簡(一)》,上海:中西書局,2019 年。

裘錫圭先生曾討論過這個問題，指出了兩個不恰當的傾向，他把這兩個傾向稱作"趨同"和"立異"。

> 在將簡帛古書與傳世古書（包括同一書的簡帛本和傳本）相對照的時候，則要注意防止不恰當的"趨同"和"立異"兩種傾向。前者主要指將簡帛古書和傳世古書意義本不相同之處説成相同，後者主要指將簡帛古書和傳世古書中彼此對應的、意義相同或很相近的字説成意義不同。①

裘先生提出這兩個傾向當然非常恰當。"趨同"和"立異"看起來是相反的，應該很容易分别，然而，實際上并不是每一個異文都衹能歸入這兩個傾向中的某一個。有的時候，同中有異，異中也有同。此外，如果筆者没有誤解裘先生的意思，那麽他雖然并行地提出了"趨同"和"立異"這兩個概念，但是他自己更强調"立異"的不恰當性，從他自己的研究中提出了三個這樣的例子應該糾正。與之形成對比的是，他衹提出了"趨同"傾向的一個例子，他似乎認爲這是個比較次要的問題。關于這一點，恐怕筆者不能完全贊同。

這個問題也涉及所謂"閱讀習慣"問題。前不久幾位權威古文字學家曾經討論過這個問題，似乎也是反對"立異"，維護"趨同"的傾向。馮勝君先生對這個問題作過這樣的説明：

> 在開始正式討論之前，我們覺得有必要對利用出土文獻中總結通假規律校讀古書所涉及的"閱讀習慣"問題闡明我們的立場。我們認爲，目前中國大陸學者所普遍具有的"閱讀習慣"基本上是合理的，是適用於閱讀古書或出土文獻的。西方漢學家在研究中國出土文獻特别是戰國秦漢簡帛材料時，喜歡按本字求解，并對中國大陸學者更多地借助於通假的"閱讀習慣"提出批評。由于這一問題比較複雜，我們不準備就此展開詳細討論，讀者可參看李零《郭店楚簡研究中的兩個問題：美國達慕思學院郭店楚簡〈老子〉國際學術討論會感想》一文中的相關論述。我們衹想提出，東西方學術各有其淵源與傳統，正常的學術交流與借鑒對雙方來説是十分必要的。但在這一過程中保持各自的學術特色和獨立，尤爲重要。我們不盲目自大，更切不可盲目菲薄。在所謂"閱讀習慣"這一問題上，我

---

① 裘錫圭：《中國古典學重建中應該注意的問題》，載《裘錫圭學術文集·簡牘帛書卷》，上海：復旦大學出版社，2012年，第339頁。

們可以吸收西方漢學家的某些優點,但却實在想不出有什麼理由能説服我們放弃自己的"閱讀習慣"來求得所謂同國際學術的接軌。①

正如馮先生所説,中國大陸學者所普遍具有的"閱讀習慣"是借助于通假閱讀古書,特别是對戰國秦漢出土文獻喜歡利用通假字來閱讀;這大概是裘先生所説的"趨同"傾向。不知道西方漢學家是不是確實"喜歡按本字求解";如果是的話,這應該是裘先生所説的"立异"傾向。其實,無論是"閱讀習慣"還是"趨同"與"立异",這些問題都并非非黑即白。馮先生説得很對,"這一問題比較複雜"。這個討論一直没有得到很恰當的結論,似乎仍然有再論之餘地。本文祇想在《安徽大學藏戰國竹簡(一)》的基礎上討論安大簡和傳世本《詩經》幾組不同類别的异文,從這些异文談談簡帛學方法論,即簡帛异文應該如何處理。

安大簡《關雎》的"要翟"和《毛詩》的"窈窕"

安大簡《詩經》第一首詩同傳世本《詩經》一樣是《關雎》,第一句寫作"關₌疋鳩",與傳世本的"關關雎鳩"雖然每一個字都不一樣,但是讀法應該是一樣的,大概没有古文字學家會提出异議。然而,關于第三句"要翟叟女"所對應的傳世本"窈窕淑女",安大簡的編者提出了不同的讀法,以爲"要"是"腰"的初文,"翟"是"嬥"的初文。雖然"要翟"與"窈窕""古音相近,可以通假",然而與《毛詩》説"窈窕,幽閒也"不同,他們説"簡文'腰嬥',即細而長的腰身",强調兩個字應該分開讀,"腰"是"腰身"的意思,"嬥"是"細而長"的意思。②這應該算是裘錫圭先生所説的"立异"的典型例子。按照一般的古文字學原則,"要翟"當然可以讀作"腰嬥"的初文,理解成"細而長的腰身"意思看起來比"窈窕,幽閒也"更具體,似乎更接近原始字義,可是也不無可商之處。第一,按照古代漢語語法,"細而長的腰身"應該寫作"嬥腰",而不作"腰嬥"。更重要的是,"窈

---

① 馮勝君:《二十世紀古文獻新證研究》,濟南:齊魯書社,2006年,第60~61頁。
② 《安徽大學藏戰國竹簡(一)》第70頁注三。

窕"本來是《詩經》中多見的叠文之類的詞,兩個字不應該分開讀,這個詞也常常用不同的字來寫,諸如"窈窕""佻佻""嬥嬥""茭芍""窈糾""嬈嬥"等等。"要翟"還是"腰嬥"恐怕也祇是一種字异義同的异文。這并不是說原來的字就是《毛詩》的"窈窕",也不是說原來的意思是《毛傳》的"幽閑也"。歷來《詩經》詮釋者多有討論,特别是現代《詩經》學者没有統一的、公認的解釋,安大簡編者對這種討論恐怕祇增加了一個寫法,對原來的詞没有提供决定性的證據。

安大簡《關雎》的"俉㱃思怀"和《毛詩》的"寤寐思服"

安大簡《詩經·關雎》另外還有一處异文值得重新思考。《毛詩》第二章的"求之不得,寤寐思服"簡文作"求之弗旻,俉㱃思怀"。我們可以不去管"不"與"弗"、"得"與"旻"、"寤寐"與"俉㱃"各種不同層次的异文,這些與本文談"趨同"和"立异"傾向不一定很有關係。關于"服"和"怀"的异文,編者説:

"怀",楚文字習見,從"人","不"聲,"倍"字异體,在此當從《毛詩》讀爲"服"。"倍""服"音近古通。①

如編者所説那樣,在楚文字中"怀"通常用作"倍"的意思,祇是异體字。也如編者所説,"倍"和"服"是兩個音近字,祇是"倍"是"之"部字,"服"是"職"部字,這兩個韵部字往往可以通假。因此,按照一般的訓詁學原則,"怀"當然可以讀作"服"。雖然如此,"怀"完全没有必要讀作"服",本來就可以讀成"倍"字。其實,在我看來,如果讀成"倍",這句話就更好理解。《毛詩》的"服"字本來很不好懂。《毛傳》釋作"思之也",不但與"服"字的意思没有多少關聯,而且在"思"後面(即"寤寐思服")何必再"思之"? 筆者知道有一種傳統讀法以"思"讀作虚詞,這個讀法可以弃之不管。于此"思"應該是一個動詞,是"想要"的意思。

與《毛傳》不同,鄭《箋》將"服"釋作"事也"。雖然這樣詮釋比較有基礎,可是鄭玄的解釋似乎非常迂曲:"求賢女而不得,覺寐則思己職事,當誰與共之乎。"這是根據《詩序》對《關雎》的綜合解釋,即"后妃之德也",説"求"是后妃求

---

① 《安徽大學藏戰國竹簡(一)》第71頁注九。

媵妾。據《毛詩正義》的解釋,"寤寐思服"的意思是"后妃于覺寐之中常求之,欲與之共己職事"。雖然這樣解釋是基於傳統讀法,可是一般的現代讀者很難接受,"后妃之德也"與詩義大不相同,《關雎》應該祇是表現一個男子想他的配偶的詩。如果"寤寐思服"的"服"與詩義不協合,那麼爲什麼"伓"在此當從《毛詩》讀爲'服'"? 在筆者看來,讀爲"服"遠不如讀爲楚文字習見的"倍"字。"倍"字與"陪"和"配"都音近通假,意思是"陪同"或是"配偶"。"陪""配"也與第一章"君子好逑"的"逑"正好是同一個意思。"君子""求之弗得,寤寐思倍"非常恰當地形容他"好逑""配偶"的心情,這句話也表現君子的願望。如此,安大簡編者對"伓"字的解釋是"趨同"傾向非常典型的例子,但在筆者看來,遠不如讀如字。這可能是一種"立異"傾向,但是不一定是一種不恰當的讀法。

安大簡《黄鳥》的"鮫鮫黄鳴"和《毛詩》的"交交黄鳥"

安大簡《秦風・黄鳥》與傳世本《詩經・秦風・黄鳥》非常相似,祇是諸章次序不同而已。然而,每章第一句話有兩個异文也許能夠解決《詩經》傳統詮釋的一個老問題。《毛詩》作"交交黄鳥",而安大簡作"鮫₌黄鳴",即"交"與"鮫"不同,"鳥"與"鳴"不同。安大簡編者指出《説文解字》謂"鮫,鯖也",是一種水鳥,意思與這首詩顯然不同。《毛傳》謂:"興也。交交,小貌。黄鳥以時往來得其所,人以壽命終亦得其所。""交交"既是"小貌",又謂"黄鳥以時往來得其所",似乎形容黄鳥的行動。《毛詩正義》説得很清楚:"毛以爲,交交然而小者,是黄鳥也。黄鳥飛而往來。"與此不同,安大簡編者謂:"'鮫鮫',鳥鳴之聲。'交交',宜從簡本讀'鮫鮫'。"① 這個讀法不無前例。譬如,袁梅《詩經譯注(國風部分)》已經提出"交交"是鳥鳴之聲。② 編者没有提出證據,但筆者覺得簡文第二個异文可以支持他們的讀法。關於簡文的"黄鳴",編者謂"'鳴'當謂'鳥'之增繁字。《上博一・孔》簡九'黄鳥'之'鳥'字亦寫作'鳴'。"筆者覺得簡文

---

① 《安徽大學藏戰國竹簡(一)》第110頁注一。
② 袁梅:《詩經譯注》,濟南:齊魯書社,1983年,第340頁。

"鳴"字與其説是增繁字不如説是錯字,"黃"肯定不能作"鳴"之形容詞。不過,這個錯誤也正好能够説明抄手對"皎皎"的理解。據筆者想,抄手寫"皎皎"的時候正好想到黃鳥的鳴聲,因此才會將"鳥"寫成不成話的"鳴"。這樣理解如果不誤,無論是"交交"還是"皎皎",都祇是象聲詞,形容黃鳥的聲音,如果用擬音寫成 Kriâu-kriâu,也差不多。與《毛詩》相比,這也是一種"立异",但是恐怕不能説是不恰當的讀法。

安大簡《碩鼠》的"三歲纞女"和《毛詩》的"三歲貫女"

安大簡《侯風·碩鼠》相當于《毛詩·魏風·碩鼠》,一共有三章,與傳世本非常相似,祇是和《黃鳥》一樣章序與傳世本有别。簡本各章第三句謂"三歲纞女",《毛詩》則作"三歲貫女"。"歲"和"歲"當然是异體字,意思完全一樣。然而,"纞"和"貫"值得重新思考。安大簡編者謂:

> 上古音"纞"屬來紐元部,"貫"屬見紐元部,二字音近可通。《史記·匈奴列傳》"士力能毌弓",《漢書·匈奴傳》"毌"作"彎"。《史記·秦始皇本紀》"士不敢彎弓而報怨",《陳涉世家》"彎"作"貫"。《毛傳》:"貫,事也。"①

這些論點都完全對,但是也不能説明問題。"纞"和"貫"古代的音和義確實都相同,但是這并不證明兩個字代表同一個詞。《説文解字》謂"纞,不絕也"、《六書正訛》謂"繫也",與作爲"貫通"的"貫"有相同的意義,但是在兩個詞之間并不能畫等號。《毛傳》"貫,事也"祇能説是一種詮釋,并不等于"貫"字本來有"事"的意思。如果按照《説文解字》的説法理解"纞",簡文"三歲纞女"就可以理解爲"三歲不絕你",完全適合詩意。《毛詩》的"三歲貫女"也可以理解成相同的意思,即"三歲和你有聯繫",但也應該承認這個意思比較迂曲。我們應該承認,"貫"也有另外一個意思,就是和你發生關係,與詩意相當一致,然而恐怕《毛傳》不會采取這樣的讀法。對比"纞"和"貫"字的時候,還有一個因素

---

① 《安徽大學藏戰國竹簡(一)》第 123 頁注三。

應該考慮。安大簡《關雎》的"關"字寫作"闥",也就是"門"下的"䜌"。正如安大簡編者在其他地方所指出的那樣,楚系文字"關"多作"闗",①亦即"門"下的"串"。"串""毌"和"貫"都是一個詞的異寫,"串"應該是最原始的象形字,意思是兩個東西貫通了。《關雎》的"闥"和"闗"可能也有相同的意思。② 如此,簡文《碩鼠》讀作"三歲䜌女",《毛詩》讀作"三歲貫女",兩個意思可能稍微不同,也可能大體上一樣,難以確言。説兩個意思皆可恐怕比説"二字音近可通"更爲恰當。

安大簡《蟋蟀》的"好樂毋無"和《毛詩》的"好樂無荒"

這個例子見于安大簡《魏風·螽螽》。這首詩相當於《毛詩·魏風·蟋蟀》。與《黄鳥》和《碩鼠》不同,簡文《螽螽》和《毛詩·蟋蟀》有相當多異文,如下表所示(异文以粗體和着重號示出):

安大簡《蟋蟀》	《毛詩·蟋蟀》
蟋蟀在堂,歲**喬**其逝。 今**者**不樂,日月其邁。 **毋**已**内**康,**猶**思其外。 好樂**毋無**,良士蹶蹶。	蟋蟀在堂,歲**聿**其莫。 今**我**不樂,日月其除。 **無**已**大**康,**職**思其居。 好樂**無荒**,良士瞿瞿。
蟋蟀在堂,歲**喬**其暮。 今**者**不樂,日月其除。 **毋**已大康,**猶**思其懼。 好樂**毋無**,良士懼懼。	蟋蟀在堂,歲**聿**其逝。 今**我**不樂,日月其邁。 **無**已大康,**職**思其外。 好樂**無荒**,良士蹶蹶。
蟋蟀在堂,役車其休。 今**者**不樂,日月其慆。 **毋**已大康,**猶**思其憂。 好樂**毋無**,良士浮浮。	蟋蟀在堂,役車其休。 今**我**不樂,日月其慆。 **無**已大康,**職**思其憂。 好樂**無荒**,良士休休。

對簡文的"喬"和傳世本的"聿"、簡本的"者"和傳世本的"我"、簡本的"毋"和傳世本的"無"、簡本的"猶"和傳世本的"職"、簡本的"無"和傳世本的"荒"、簡本

---

① 《安徽大學藏戰國竹簡(一)》第69頁注一。
② 見夏含夷:《"興"與"象":簡論占卜和詩歌的關係及其對〈詩經〉和〈周易〉的形成之影響》,《珞珈講壇》第6輯,2011年,第71~89頁。

的"懼"和傳世本的"居"、簡本的"浮浮"和傳世本的"休休"等的釋讀,都值得討論。然而,由于篇幅的限制,這裏只簡單地談兩個例子。

簡本《蟋蟀》諸章倒數第二小句作"好樂毋無",與傳世本"好樂無荒"有兩個異文,即簡本"毋"和傳世本"無"、簡本"無"和傳世本"荒"。我們可以不管"毋"和"無"的不同,雖然這兩個否定詞的意義很不一樣,但是兩個都講得通,也是古書中常見的異文。"無"和"荒"這樣的異文可能更有意思。安大簡編者説:

> 好樂毋無:《毛詩》作"好樂無荒"。上古音"無"屬明紐魚部,"荒"屬曉紐陽部,音近可通。①

這樣的説法當然有道理,符合一般的"閱讀習慣",然而似乎也不能完全説明問題。魚部字和陽部字雖然可以通假,但問題是爲什麽會有這兩個字?簡本的"好樂毋無"不成話,很難想象安大簡抄手爲什麽會這樣寫。在筆者看來,一個原因可能是簡文的底本(或者底本的某一個底本)原來寫的是"芒"或"亡",是"荒"的初文。在戰國時代,某一個抄手看到"亡"字,按照他自己的"閱讀習慣"(或許應該説他的"抄寫習慣"),他會不知不覺地改爲"無",也就是當時的普通否定詞。他將"亡"寫成"無"無異于現代排版者將古書中的"無"改爲"无"。這當然衹是筆者自己的猜想而已,不算是證據。但是這樣解釋也許比解釋爲通假字更合理一些。

安大簡《蟋蟀》的"毋已内麋"和《毛詩》的"無已大康"

最後一個例子也來自安大簡《魏風·蟋蟀》,即簡本第一章第三句"毋已内康,猶思其外"的"内"和傳世本"無已大康,職思其居"的"大"。這個異文看起來很簡單。安大簡編者説:

> "内",與下句"外"對言,于義爲勝。"内"也有可能是"大"的形近訛字。②

---

① 《安徽大學藏戰國竹簡(一)》第139頁注七。
② 《安徽大學藏戰國竹簡(一)》第139頁注五。

安大簡編者這兩點意見似乎很合理，然而都值得再思考。"内"和"大"的字形確實比較接近，特別是它們的古文字字形。但是，簡本第二和第三章在相同位置的字寫得很清楚，是"大"，與傳世本一樣，説明簡本抄手如果要寫"大"字，完全可以寫得清楚。編者還說，這一句"内"與"外"對言，因此簡本"内"比傳世本"大"更爲合理。這個説法也很合理。然而，簡文第二和第三章（相當于傳世本第一和第三章）相同的句子都作"毋已大康"，除了簡本的"毋"和傳世本的"無"不同以外，兩個版本一樣。按照《詩經》的習慣，重章叠句第一句話不會改變，就像《蟋蟀》"今者不樂"和"好樂毋無"在三章中都不變，唯有第一章"毋已内康"與第二和第三章"毋已大康"不同，是例外。像安大簡編者所説"'内'，與下句'外'對言，于義爲勝"那樣，筆者覺得安大簡《詩經》的抄手（或者他之前某一個抄手）爲了強調與下句"外"字的關係，很可能會故意地將原來的"大"字改爲"内"。對他來説，這是一種對文本的改善。不然的話，我們很難解釋簡本和傳世本的這組異文爲什麽存在。

結　語

本文對《安徽大學藏戰國竹簡（一）》本《詩經》和傳世本《毛詩》的六組異文作了簡單的分析，據之談了所謂訓詁學的"趨同"和"立異"傾向：討論的是《關雎》兩組異文、《黃鳥》一組異文、《碩鼠》一組異文，和《蟋蟀》兩組異文。根據本文的分析，這些異文不容易截然劃分爲對立的"趨同"和"立異"。按照筆者的分析，《關雎》的"要翟"應該和傳世本"窈窕"相同，可是不一定是通假字，我們祇能説是兩個不同的寫法而已。與此相同，簡本《黃鳥》的"敽敽"對應傳世本"交交"，從簡本的"鳴"來看，兩個寫法都祇是象聲字，并不存在一個寫法比另外一個寫法更合理的問題。關于這兩個例子，無論説是"趨同"還是"立異"，似乎都不能説明問題。簡本《碩鼠》的"䌛"和傳世本的"貫"音義皆相近，當然可以説是通假字。然而，問題是哪一個是本字、哪一個是通假字。其實，兩個字都説得通，祇是意思稍微不同而已，似乎"趨同"和"立異"都有可能。

這不是説"趨同"和"立異"没有分别。根據筆者的想法，簡本《關雎》的

"伓"雖然和傳世本的"服"同音可通,但是更應該讀如字,按照楚系文字的習慣用作"倍",讀如"陪同"的"陪"或"配偶"的"配",于詩意更合。這大概是"立异"傾向的典型例子。與此相反,筆者覺得《蟋蟀》簡本"無"肯定應該讀如傳世本的"荒",也許可以說是"趨同"。然而,與音近通假的解釋不同,筆者提出了另外一個可能,就是"無"和"荒"可能都來自同一個字,即"芒",只不過這兩個异文反映了兩種不同的演化路徑。

最後的例子可能是最麻煩的例子。簡本《蟋蟀》"毋已内康,猶思其外"裏的"内"在傳世本作"大"。這恐怕不能解釋爲兩個字字形相近而訛,應該另尋他解。因爲簡本的"内"和同一句的"外"對言,所以安大簡編者説"于義爲勝"。這一點不錯。然而,按照《詩經》的習慣,另外兩章同樣位置出現的字都是"大",所以傳世本的"大"更合于《詩經》通例。我們似乎祇能説"内"和"大"各有優劣。"内"可能是安大簡《詩經》的抄手(或者他之前某一個抄手)爲了强調"内""外"之間的關係而特意改變的。《毛詩》的"大"字可能吸收自另外一個抄寫傳統,反映的是詩原來的面貌。如果這樣的理解不誤,閲讀安大簡《詩經》的時候,我們應該怎麽辦?把簡本的"内"讀作傳世本的"大"會違背簡本抄手的意思。筆者認爲在這種情況下,我們祇能讀如字。這并不是説我們應該根據安大簡《詩經》來改正《毛詩》的讀法。這似乎表示"趨同"和"立异"都有用處,不一定是不恰當的傾向。這樣的解釋也牽涉到"閲讀習慣"的問題。"閲讀習慣"的目的好像是得到一個定本,每一個字都應該有一個且只有一個正確的讀法。然而,通過安大簡《詩經》,我們發現某些地方簡本和傳世本的异文都有根據,都講得通。遇到這樣的情況,筆者覺得最好的辦法還是讀如字。

(夏含夷:南開大學、芝加哥大學,300350,天津)

《詩經·秦風·駟驖》"歇驕"解

郝 士 宏

〔摘　要〕《安徽大學藏戰國竹簡》公布之後,國內又一次掀起了研究《詩經》的熱潮,藉由新材料而在字詞訓釋、篇章及成書過程等方面都有新的成果。本文就《駟驖》中"歇驕"一詞分析認爲傳統解釋可能并不妥帖,當以"縱心肆意"解之較爲允恰。

〔關鍵詞〕《詩經》　秦風　歇驕　安大簡

先秦典籍因爲其時代久遠,儘管經過歷代學者黽勉求之,仍有不少詞語難以解釋得清楚合理。王國維有言:"《詩》《書》爲人人誦習之書,于六藝中最難讀……漢魏以來諸大師未嘗不強爲之説,然其説終不可通,以是知先儒亦不能解也。"[1]《詩經》經過衆多解家千百年來的研究,許多懸難問題有了充分的研究,有不少新解確實比舊詁要平實可靠,也已爲學者認可、接受。近百年來,《詩經》的部分傳本或是部分詩句見于出土文獻中,這爲《詩經》的研究提供了新活力。[2] 安徽大學新近發布的《詩經》簡,更是引起了國內外學者的高度重視。本文擬就《駟驖》中的"載獫歇驕"一句的釋讀提一點想法,祈請方家批評指正。

一

《詩經·秦風·駟驖》:"公曰左之,舍拔則獲。遊于北園,四馬既閑,輶車

---

[1]　(清)王國維:《與友人論〈詩〉〈書〉中成語書》,《觀堂集林》卷二,北京:中華書局,1959年,第76頁。
[2]　于省吾:《澤螺居詩經新證》,北京:中華書局,1982年。陸錫興:《詩經異文研究》,北京:中國社會科學出版社,2001年。于茀:《金石簡帛詩經研究》,北京:北京大學出版社,2004年。程燕:《詩經異文輯考》,合肥:安徽大學出版社,2010年。

鸞鑣，載獫歇驕。"其中"歇驕"一詞，毛氏《傳》曰："獫、歇驕，田犬也。長喙曰獫，短喙曰歇驕。"孔氏等疏曰："既調和矣，又始試習獫與歇驕之犬，皆曉達搏噬之事。"①陸德明《經典釋文》："歇，本又作猲。驕，本又作獢。獦獢，短喙田犬也。"②《爾雅·釋畜》："長喙，獫；短喙，歇獢。"邢疏："喙，口也。犬長口者名獫，短口者名猲獢。"③朱熹《詩集傳》："獫、歇驕，皆田犬名。長喙曰獫，短喙曰歇驕。以車載犬，蓋以休其足力也。韓愈《畫記》有'騎擁田犬者'，亦類此。"④由此可見，故訓皆以"歇驕"爲犬名。

　　王質在《詩總聞》中說："'獫長喙之犬'固然，而'歇驕短喙'可疑。此類多從犬，二字皆無從犬者。大率漢儒之學，喜分耦爲辭，有長喙必有短喙，恐從意而生。歇，息也。驕，懶也。言犬用力多，犬纔息則懶無壯氣也，皆遊北園之事也。"⑤至此始疑漢儒之說，可是他既沒有提供任何證據，也沒有試圖去證明。嚴粲于《詩緝》中亦云："田事已畢，遊于北園，四馬既調習而閑矣，乃以驅逆之輕車，置鸞鈴于馬銜兩旁之鑣，載田犬之獫，歇其驕逸，謂休其足力也。田而獲，獲而休，常事也。"⑥儘管他也是以意度之，但確也指出舊說抵牾之處。陳霆也說："《詩》言'載獫歇驕'，諸家皆以獫爲田犬名，長喙曰獫。歇驕者，王雪山、嚴華谷、戴岷隱皆以爲田畢而遊園，載獫于輜車以歇其驕逸。予謂犬獰惡曰獫，馬跑逸曰驕。蓋言田畢而載犬于車上，息馬于轅下，于以行園而游息也。"⑦陳氏承前人之說而以爲舊釋不妥，然亦遊移于二者之間。郝敬于《毛詩原解》中云："田犬多長喙，歇驕謂休歇其驕騰之力。《爾雅》多附會，難盡據也。"⑧陳

---

① （清）阮元校刻：《十三經注疏》，北京：中華書局，1985年，第369頁。
② （唐）陸德明：《經典釋文》，北京：中華書局，1985年，第69頁。
③ （清）阮元校刻：《十三經注疏》，北京：中華書局，1985年，第2653頁。
④ （宋）朱熹：《詩集傳》，北京：中華書局，1958年，第75頁。
⑤ （宋）王質：《詩總聞》卷六，《叢書集成初編》第1713冊，上海：商務印書館，1939年，第112頁。
⑥ （宋）嚴粲：《詩緝》，見《文淵閣四庫全書·經部》第75冊，臺北：商務印書館，1986年，第161頁。
⑦ （明）陳霆：《兩山墨談》卷一，見《叢書集成初編》第331冊，上海：商務印書館，1936年，第9頁。
⑧ （明）郝敬：《毛詩原解》卷十二，見《續修四庫全書》第58冊，上海：上海古籍出版社，2002年，第333頁。

啓源《毛詩稽古編》則力辨其非,并謂"歇其驕逸,亦不成文理"。① 牟應震《毛詩質疑》:"一説:歇,息也。馬高八尺曰驕。載獫,息犬也。歇驕,息馬也。"② 舊釋雖被質疑,但新説并没有得到有力證明,因而出現了二説并存的局面。

聞一多説:"多案:歇假爲愒。(《説文》:'歇,息也,一曰氣越泄也,從欠曷聲。'又:'愒,息也,從心曷。'是歇愒通用之證。然歇實爲氣越泄字。愒與憩同,即愒息字,二字義别。)……"他進一步論證了"愒""偈""藹"多有"息止"之義,謂"凡勞者則止息而喘喝……犬愒時吐舌而喘。《史記·司馬相如傳》'跮踱輵轄',《索隱》云:'《漢書》注:摇目吐舌也。'……或曰潘岳《射雉賦》'眄箱籠以揭驕',《注》:'志意肆也。'揭驕即歇驕,亦即《楚辭》之拮矯,則晋時舊説亦有不以歇驕爲犬名者矣。"③ 又謂:"舊説獫與歇驕皆田犬名。"④ 程俊英、蔣見元認爲:"歇驕,魯、齊《詩》作猲獢,短嘴巴的獵狗。張衡《兩京賦》:'屬車之簉,載獫猲獢。'張銑注:'獫、獢皆狗也。載之以車也。'朱熹《詩集傳》:'以車載犬,蓋以休其足力也。'"⑤

"歇驕"從《毛傳》開始作"犬名"解,而至王質開始質疑,朱熹"休其足力"則有"調和"之意,嚴粲則從王質之説,至陳啓源又以"亦不成文理"作了否定。聞一多曾以"志意肆"解之,然態度并不十分堅定。由此可見,"歇驕"一詞該作何解釋仍有探討的空間。

二

《秦風·駟驖》:"輶車鸞鑣,載獫歇驕。"《經典釋文》云:"歇,本又作猲。"

---

① (清)陳啓源:《毛詩稽古編》卷七,見《文淵閣四庫全書》第85册,臺北:商務印書館,1986年,第428~429頁。
② (清)牟應震:《毛詩質疑》,濟南:齊魯書社,1991年,第93頁。
③ 聞一多:《詩經通義乙》,見《聞一多全集》第4册,武漢:湖北人民出版社,1993年,第273~274頁。
④ 聞一多:《風詩類鈔乙》卷七,見《聞一多全集》第4册,武漢:湖北人民出版社,1993年,第540頁。
⑤ 程俊英、蔣見元:《詩經注析》,北京:中華書局,1991年,第339頁。

"驕,本又作獢。獫獢,短喙田犬也。"① 目前所見,"歇驕"一詞還有其他異文。黃焯《經典釋文彙校》:"唐寫本作歇獢,《爾雅·釋畜》作猲獢,郭《注》及《漢書·地理志》注引亦作猲獢。"②《魯詩》《齊詩》同作"猲獢"。③《文選·張衡〈西京賦〉》"屬車之簉,載獫猲獢"注引《毛詩》作"猲獢"。④《説文》:"猲,短喙犬也。從犬,曷聲。《詩》曰:'載獫猲獢。'《爾雅》曰:'短喙犬謂之猲獢。'"《經典釋文·爾雅音義》:"獫,《字林》作猲。"⑤新出安大簡有《秦風·馴驖》一詩,其中"歇驕"作"曷喬"。⑥

此外,"歇驕"一詞在其他典籍中也時有出現。《文選·張衡〈西京賦〉》"屬車之簉,載獫猲獢",五臣注本作"獫獢",張銑注:"獫、獫獢,皆獵狗也,載之以車也。"⑦傅玄《走狗賦》:"聆輶車之鸞鑣兮,逸猲獢而盤桓。"⑧《廣韻·宵韻》:"猲獢,短喙犬也。"⑨《文選·潘岳〈射雉賦〉》:"眄箱籠以揭驕,睨驍媒之變態。"李注:"揭驕,志意肆也……《楚辭》揭驕字作拮矯……王逸曰縱心肆志,所意願高也。"⑩《楚辭·遠遊》:"欲度世以忘歸兮,意恣睢以担撟。"王注:"縱心肆志,所願高也。撟,一作矯。"⑪洪興祖補注:"《大人賦》云:'捎指橋以偃蹇。'《史記索隱》云:'指,居桀切。橋,音矯。張揖云:指橋,隨風指靡也。'担,《釋文》云:音丘列切,舉也。橋,居廟切。《史記》作撟。其字從手。"⑫《史記·司馬相如列傳》:"捎指橋以偃蹇兮,又旖旎以招摇。"《集解》:"《漢書音義》曰:指橋,隨風指

---

① (唐)陸德明:《經典釋文》,北京:中華書局,1983年,第69頁。
② 黃焯:《經典釋文彙校》,北京:中華書局,2006年,第157頁。
③ (清)王先謙:《詩三家義集疏》,北京:中華書局,1987年,第439頁。
④ (唐)李善注:《文選》,北京:中華書局,1977年,第45頁。
⑤ (唐)陸德明:《經典釋文》,北京:中華書局,1983年,第438頁。原文作"獩"字,當爲"獫"。見黃焯《經典釋文彙校》,北京:中華書局,2006年,第955頁。
⑥ 黃德寬、徐在國:《安徽大學藏戰國竹簡(一)》,北京:中西書局,2019年,第101頁。
⑦ 《六臣注文選》卷二,《四部叢刊》第1895册,上海:商務印書館,1922年,第23頁。
⑧ (唐)徐堅等:《初學記》卷二十九,北京:中華書局,1962年,第714頁。
⑨ (宋)陳彭年等:《宋本廣韻》,北京:中國書店,1982年,第127頁。
⑩ (唐)李善注:《文選》,北京:中華書局,1977年,第139~140頁。
⑪ (宋)洪興祖:《楚辭補注》,北京:中華書局,1983年,第171頁。
⑫ (宋)洪興祖:《楚辭補注》,北京:中華書局,1983年,第171頁。

靡。"《索隱》:"指,音居桀反。橋,音矯。"①朱起鳳認爲:"《楚辭》原文本作拮矯,李氏《文選注》可證。今文作担撟,乃板刻之訛,拮矯即揭驕也,指爲揭之訛。"②"揭"字,《廣韵》有"居竭切""居列切""去列切""丘竭切""其謁切""渠列切"等音③,《集韵·薛韵》于"丘傑切"音下并收有"揭""担""拮"三字,注曰:"舉也。或作担拮。"④"揭"字上古音聲紐屬牙音,韵在月部⑤,"指"字上古音聲屬章紐,韵在脂部,二字上古音還是有點遠,且典籍中也未見通用的例證。司馬貞儘管没有意識到"指"是"揭"的訛字,但他把"指"的讀音注得與"揭"相同,這是我們目前所見對"指橋"之"指"朝正確方向做出注釋的最早一人。"担"字,《釋文》作"丘列切"而訓爲"舉",其音義與"揭"很相近,應該也是"揭"的訛字。

《駟驖》中的"歇驕",趙逵夫説:"驕,當作獢,短嘴巴獵狗。《魯詩》《齊詩》作'猲獢'。據詩意,當作'歇獢'。爲短嘴巴狗,'歇'與'載'爲互文,言載獵狗使歇足力。朱熹《詩集傳》以車載犬,蓋以休其足力也。"趙先生又説:"第三章寫狩獵結束後秦襄公等人悠閒自得的情態,又互爲映襯,甚有情趣。"⑥楊清臣認爲:"蓋其字本作'歇驕',後加犬旁或换旁作'獵獢',獵又省作獢。"⑦董姝君説:"根據畋獵犬的嘴的長短,把畋獵犬分爲了獫和歇驕兩種。在《齊風·盧令》中,又根據犬在人們生活中的用途分爲了田犬和守犬,即打獵的犬和看家的犬。"⑧受志敏説:"在明代宗朱之風盛行的情况下,陳宏緒却能夠時時提出與朱《傳》相左的意見,顯示出其學術求真的勇氣……'載獫歇驕,王雪山、嚴華谷、戴岷隱三家俱以爲田畢而遊園,載獫于輶車,以歇其驕逸,應從之。朱《傳》以犬之長喙爲獫,短喙爲歇驕,似出意度,無據。'……這些地方表現出對字句

---

① (汉)司馬遷:《史記·司馬相如列傳》,北京:中華書局,1959年,第3057頁。
② 朱起鳳:《辭通》,上海:開明書店,1944年,第684頁。
③ (宋)陳彭年等:《宋本廣韵》,北京:中國書店,1982年,第459頁、第477~478頁。
④ (宋)丁度:《集韵》,上海:上海古籍出版社,1985年,第713頁。又,同頁有"塞列反"一讀。
⑤ 唐作藩:《上古音手册》,北京:中華書局,2013年,第72頁。
⑥ 趙逵夫注評:《國學經典叢書·詩經》,武漢:長江文藝出版社,2015年,第136頁。
⑦ 楊清臣:《〈爾雅〉名物詞用字的歷時考察與研究》,河北大學2011年博士學位論文,第96~97頁。
⑧ 董姝君:《〈毛詩正義〉語境訓釋研究》,西北師範大學2018年碩士學位論文,第41頁。

的理解上與朱熹不同的意見,理解比較合理。"①

由上分析來看,"歇驕"一詞應該被看作聯綿詞,不能把兩字分開來解釋。郭錫良也主張"歇驕"是聯綿詞,他説:"非雙聲叠韵聯綿詞19個,其中大多在韵部方面有一定的聯系,或旁轉,或對轉,或旁對轉,是一種寬鬆的叠韵關係。真正聲、韵都相差很遠的聯綿詞是極少的……其他還有委蛇、委佗、倭遲、蒙戎、權輿、脊令、騶虞、常棣、戚施、歇驕、熠耀;噫嘻、猗與、于嗟。"②劉興均認爲:"歇驕亦爲聯綿詞,但到後來就祗説一個'歇'字。例如:唐韓愈《送文暢師北遊》'庇身指蓬矛,逞志縱獫歇'……'獫歇'連用就泛指獵犬。"③我們認爲劉先生認"歇驕"是聯綿詞的意見正確,但是把意思解釋爲"獵犬",似又不足取。王衛峰曾探討了"歇驕"一詞的詞源和意思的來源。他説:"故訓皆以短嘴獵狗爲訓,未能説明詞源。今試以聲符推究,歇之爲言喝也,從欠與從口義通,喝謂喝斥遏制也;驕之爲言高也,高駿驍勇。因此,猲獢身體高大,且其狂吠可以威懾遏阻獵物,是以得稱。"④王先生對于"歇"字的解釋襲用前人成説,前文已見,無須細辯。既然認爲"歇驕"爲聯綿詞,則二字不可分開解釋,所以他對于"歇驕"的理解可能不正確。但把"遏驕"認定爲聯綿詞,則是對的。

《韓詩外傳》卷一:"家貧親老者,不擇官而仕。故君子橋褐趨時,當務爲急。"許維遹先生注:"元本、沈本、毛本、《學津討源》刻元劉節齋手抄本(下簡稱劉本)同,明鍾惺本(下簡稱鍾本)、黄錫祓校本(下簡稱黄本)、楊宗震本(以下簡稱楊本)'橋'作'矯'。俞樾云:'橋''矯'并叚字。周疑爲'矯',非也。'矯褐'乃雙聲連語,即《文選·射雉賦》之'揭驕',語有倒順耳。《射雉賦》云'晛箱籠以揭驕,睨驍媒之變態',徐爰注曰'揭驕,志意肆也'。又曰:'《楚辭》揭驕字作拮矯。'善曰:'《楚辭》曰意恣睢以拮矯。'今按:'揭矯'蓋有急欲赴之之意,故

---

① 受志敏:《復社文人的〈詩經〉學研究》,河北大學2012年博士學位論文,第183頁。
② 郭錫良:《先秦漢語構詞法的發展》,見《漢語史論集》(增訂本),北京:商務印書館,2005年,第156～157頁。
③ 傅永和、李玲璞、向光忠主編:《漢字演變文化源流》(下),廣州:廣東教育出版社,2012年,第1124頁。
④ 王衛峰:《聯綿詞的探源與釋義》,見徐時儀等《語苑集錦——許威漢先生從教50周年紀念文集》,上海:上海教育出版社,2001年,第30頁。

《射雉賦》用之。其下云：'鬱軒鸄以餘怒，思長鳴以效能。'正用其意也。此云'矯褐趨時'，'矯褐'之與'揭驕'，聲异而義同。亦猶《楚辭》之爲'拮矯'。古義存乎聲音，不泥其形也。"①

黄靈庚在《楚辭异文辨證》中指出："'担'，洪《補》引《大人賦》'掉指撟以偃蹇'，以担矯作指撟，據張揖訓'隨風指靡也'。庚案：担撟，猶夭矯，言高舉貌。担，當作揭，蓋字之訛也。指，亦揭之訛。聞《校補》謂担、指音轉。非知音之選。《文選》卷九《射雉賦》注引担撟作拮矯。拮矯即揭矯。或作揭矯，即夭矯之聲轉也。"又："矯，洪《補》引撟一作矯；洪《補》、朱《注》謂'撟音矯'；洪又引《史記》司馬貞《索隱》字作撟，'其字從手'。《文選補遺》卷二九《遠遊》作撟，《文選》卷九《射雉賦》注引撟作矯，而卷五七潘岳《馬汧督誄》注引担撟訛作指摘。"②前文所引《集韵》注音，亦可印證"指"與"担"爲"揭"之訛字。

總之，我們認爲"歇驕""猲獢""獥獢""揭矯""拮矯""指橋"（"指"爲"揭"之訛字）和"担撟"（"担"爲"揭"之訛字）等是書寫形式不同的聯綿詞。"歇驕"，當是王逸所言"縱心肆志"之義。前文許維遹所言"蓋有急欲赴之之意"和黄靈庚所言"高舉貌"，當是"縱心肆志"在具體語境的用義。

三

《駟驖》，一般認爲是一首描寫秦君打獵的詩。"這首詩三章全用賦體，首章言將狩之時，二章言正狩之時，三章言狩畢之時，脉絡很清楚。但文字上却不見有什麽驚人的佳句。孫鑛《批評詩經》曰：'載獫歇驕，元美（王世貞）謂其太拙，余則善其古質饒態。'其實'載獫歇驕'一句，語盡而意亦盡，平淡無味，反映出詩歌發軔時期的簡陋。孫鑛贊其'古質'，未免溢美，還不如弇州山人評爲'太拙'来得實在。"③也有學者認爲"第三章寫狩獵結束後秦襄公等人悠閑自得

---

① （汉）韓嬰著，許維遹校釋：《韓詩外傳集釋》，北京：中華書局，1980年，第1頁。
② 黄靈庚：《楚辭异文辨證》，鄭州：中州古籍出版社，2000年，第532頁。
③ 程俊英、蔣見元：《詩經注析》，北京：中華書局，1991年，第337頁。

的情態，又互爲映襯，甚有情趣。"①可以看出，以上不同說法，應該是對"載獫歇驕"一句的不同理解所導致的。把"歇驕"解作"縱心肆志"，不僅可以表現出秦君狩獵大獲全勝的"肆志意滿"心態，同時也體現出"因功被封爲諸侯，遂擁有周西都畿内岐、豐八百里之地"而流露出了"包舉宇内"的雄心壯志，這跟"美襄公"的詩旨也相吻合。

楊泓在《犬文物漫談》一文中根據田獵的場景談及"歇驕"的問題，他説："這些供狩獵的田犬，蹲坐在鞍後馬尻上，騎士則塑成以手牽繫犬索的生動姿態，或許繫犬索原是真的繩索制成，故現已朽毀無迹，但從人犬的姿態，仍似以無形的繫索牽連一起，似更具藝術魅力。同時葬于神龍二年的章懷太子李賢墓中壁畫，也繪有田獵的場景，在騎馬獵手鞍後，也有蹲坐着田犬或獵豹的圖像。這些文物，表明唐代皇族出獵時，爲保持田犬追逐獵物的充沛體力，習慣讓犬先乘息在馬尻上，這與前述先秦時田獵用車，將犬載于車上的作法，有异曲同工之妙，衹是時代不同了，貴族田獵由車改騎，所以載田犬的方式也得隨時代潮流變遷，不能再墨守古俗了。"②楊先生此説以壁畫爲據，應該很有道理，據此推論先秦田獵時之情狀，也較具説服力。儘管這些都是事實，但是我們認爲從《駟驖》詩句來説，"歇驕"一語解作"休其足力"，顯然與詩旨無關，也與詩意不相協，如此恢宏的詩句似乎不宜出現于此畫面中。再説"載獫"本就含有此意，如再强調且明白地説出"歇驕（休其足力）"來，似爲贅語。我們推測，先秦時的某些狩獵方式，在秦漢時期仍有延續，直到唐代仍還可以尋到這些影子。但是從漢代以來可能對"歇驕"一詞已不得其解，因而出現了"短喙田犬"的解釋以與"獫"的"長喙"相對應。故而在宋代學者質疑之後，朱熹以韓愈畫像詩爲據，就有了"休其足力"之説。而"休其足力"也正好與田獵"載獫"的方式相映合，所以後人多信從此説。

所以把"歇驕"解作"肆志意滿"後，就不會有"載獫歇驕"一句"平淡無味"的評價，同時古人借狩獵以"講武"的古訓也得以落實。如果衆家所説此詩是

---

① 趙逵夫注評：《國學經典叢書·詩經》，武漢：長江文藝出版社，2015年，第136頁。
② 楊泓：《犬文物漫談》，《中國文物報》1994年2月6日。

描寫秦公狩獵爲確,那麽"輶車鸞鑣,載獫歇驕"正是承前句"遊于北園,四馬既閑"而言,顯示出秦公狩獵之後志滿意得和意氣風發的情狀。

(郝士宏:安徽大學漢字發展與應用研究中心,230039,合肥)

《詩經》類楚簡文字對讀兼談相關問題*

周 翔

〔摘 要〕 在《安徽大學藏戰國竹簡(一)·詩經》、《上海博物館藏戰國楚竹書》之《孔子詩論》《逸詩》、《清華大學藏戰國竹簡(壹)·耆夜》及《郭店楚墓竹簡》所引《詩》等楚簡《詩經》類材料中,有不少互證互補的文字內容。其中相同、相關者較多,歧异者較少,體現了經典文本對文字書寫的規約作用,也進一步證明《詩經》文本在戰國時代已大致定型,更説明安大簡等回流竹簡材料的真實可靠。相關學科應充分重視并綜合研究、利用這些出土材料。

〔關鍵詞〕 楚簡 《詩經》 文字對讀

目前所見的戰國楚簡中有一些《詩經》類文獻材料,如《安徽大學藏戰國竹簡(一)·詩經》(以下簡稱"安大簡"),《上海博物館藏戰國楚竹書》(以下簡稱"上博簡")(一)之《孔子詩論》(以下簡稱"《詩論》")、(四)之《逸詩》,以及《清華大學藏戰國竹簡(壹)》(以下簡稱"清華簡")之《耆夜》、《郭店楚墓竹簡》(以下簡稱"郭店簡")中引《詩》之簡文等。① 它們同爲戰國楚文字抄本,不僅內容頗多相關,文字互證互補之處也很有價值。今以此類對讀爲切入點,探討相關問題。

---

* 本文是國家社科基金青年項目"戰國文字專字整理與研究"(20CYY041)的階段性成果。
① 黄德寬、徐在國主編:《安徽大學藏戰國竹簡(一)》,上海:中西書局,2019年。馬承源主編:《上海博物館藏戰國楚竹書(一)》,上海:上海古籍出版社,2001年。馬承源主編:《上海博物館藏戰國楚竹書(四)》,上海:上海古籍出版社,2005年。李學勤主編:《清華大學藏戰國竹簡(壹)》,上海:中西書局,2010年。李學勤主編:《清華大學藏戰國竹簡(貳)》,上海:中西書局,2011年。荆門市博物館:《郭店楚墓竹簡》,北京:文物出版社,1998年。爲行文簡潔,本文所涉這些書中字形、釋文、注釋説法僅標明簡名簡稱、篇名及簡號,不注引文的頁碼及觀點提出者。

一、相關內容文字對讀舉隅

（一）關關雎鳩

《毛詩·周南·關雎》"關關雎鳩"，安大簡 1 號簡作"鬨₌疋鴫"，上博簡《詩論》10、11 號簡引篇名作"鬨疋"。與"關"對應之字，安大簡作從門䜌聲之"鬨"（圖），上博簡作從門串聲之"鬨"（圖、圖、圖），後者屬楚文字常見寫法，亦見於鄂君啓舟節、《璽彙》0295、包山簡 91 號簡、清華簡（二）《繫年》126 號簡等。① 與"雎"對應之字二者均作"疋"。"鬨"與"關"、"疋"與"雎"古音相近，可以通用。②

與"鳩"對應之字，安大簡作"鴫"（圖），此外《召南·鵲巢》21 號簡還有兩例亦同（圖、圖），係"鳩"之異體。《詩論》21、22 號簡引《曹風·鳲鳩》篇名之"鳩"亦作此（圖、圖）。安大簡、上博簡之"鴫"顯屬一類，然所從鳥旁寫法稍別。

（二）展、輾

《毛詩·周南·關雎》"輾轉反側"，安大簡 2 號簡作"邅傳反昃"，以從辵廛聲之"邅"（圖）通"輾"。《鄘風·君子偕老》"展如人也"，安大簡 89 號簡作"廛女人也"；《小雅·車攻》"展也大成"，郭店簡《緇衣》36 號簡引作"廛也大成"。以上三簡皆以"廛"（安圖、郭圖）通"展"。安大簡、郭店簡均以"廛"聲字通"展"聲字，而字形有別。上古音廛屬定紐元部，展屬端紐元部，音近可通。

（三）爲絺爲綌、絺綌

《毛詩·周南·葛覃》"爲絺爲綌"，安大簡 5 號簡作"爲祇爲郄"，上博簡《詩論》24 號簡亦有"祇郄"。安大簡"祇"（圖）從希（所從"巾"作"市"）、氏雙聲，"絺"從"希"聲。上古音絺屬透紐微部，氏屬端紐脂部。"郄"（圖）從巾，從"綌"之象形初文"※"（象粗葛布之形），却省聲，即《説文》"綌"字或體"𢁥"之异體。上博簡二字原文左半不同程度殘缺，從殘存筆畫看，前者（圖）當從艸，右

---

① 徐在國、程燕、張振謙：《戰國文字字形表》，上海：上海古籍出版社，2017 年，第 1636 頁。
② 程燕：《詩經异文輯考》，合肥：安徽大學出版社，2020 年，第 3 頁。

下所從爲"氐",後者(󰀀)從艸從女、丯聲,讀爲"締紛"①。與安大簡二字構形雖有別,但"絺"字右半從"氐"聲,則與安大簡"絺"字同。

(四)服之無斁

《毛詩·周南·葛覃》"服之無斁",安大簡 5 號簡作"備之無睪",上博簡《紂衣》21 號簡引作"備之亡睪",郭店簡《緇衣》41 號簡引作"備之亡懌"。三簡均以"備"(安󰀀、上󰀀、郭󰀀)通"服",上古音"備""服"均屬並紐職部,典籍所見通假甚多。"亡"(上󰀀、郭󰀀)與"無"(安󰀀)通假亦常見。"睪"(安󰀀、上󰀀)、"懌"(郭󰀀)與"斁"皆諧聲可通。上博簡與郭店簡所從之"睪"寫法同類,安大簡寫法則稍顯不同。

(五)采、菜

《毛詩·周南·卷耳》"采采卷耳",安大簡 6 號簡作"菜=蕍耳",以"菜"(󰀀)通"采"。上博簡《詩論》17 號簡引《鄘風·采葛》篇名之"采"亦作"菜"(󰀀),異曲同工。"采""菜"諧聲可通。關于"采采"一詞,郝士宏先生有專文詳說,可參。②

(六)樛木

《毛詩·周南·樛木》"南有樛木",安大簡 8、9 號簡作"南又流木",上博簡《詩論》10、11、12 號簡引篇名作"梂木"。安大簡用"流"(8󰀀,9󰀀 等),上博簡用從木求聲之"梂"(󰀀、󰀀、󰀀),流(來紐幽部)、梂(群紐幽部)、樛(見紐幽部)皆音近古通。《玉篇·玉部》:"璗……亦作鏐。"《尚書·禹貢》:"厥貢惟球琳琅玕。"《毛詩·大雅·韓奕》鄭箋、《史記·夏本紀》及《論衡·率性》皆引"球"作"璆"。是其證。不過,陳偉武先生認爲安大簡"流"當讀爲"喬","南又流木"之讀猶《周南·漢廣》"南有喬木"。③

---

① 陳劍:《孔子詩論補釋一則》,《戰國竹書論集》,上海:上海古籍出版社,2013 年,第 1~3 頁。
② 郝士宏:《從安大簡看〈詩經〉"采采"一詞的訓釋》,《戰國文字研究(第一輯)》,合肥:安徽大學出版社,2019 年。
③ 陳偉武:《安大簡〈詩經〉"流木"補說》,《古文字研究(第三十三輯)》,北京:中華書局,2020 年,第 392~396 頁。

(七)兔罝

《毛詩·周南·兔罝》"肅肅兔罝",安大簡 12、13 號簡作"肅=兔蔽",上博簡《詩論》23 號簡引篇名作"兔蘆"。安大簡從艸叔聲之"蔽"(₁₂[字],₁₃[字]、[字])或爲上博簡"蘆"字([字])之異體。"叔""蘆""罝"皆從且得聲,諧聲可通。

(八)漢廣

《毛詩·周南·漢廣》"漢有游女""漢之廣矣",安大簡 15、16、17 號簡作"灘又游女""灘之窐矣",上博簡《詩論》10、11 號簡引篇名作"灘坒"。安大簡、上博簡對應"漢"之"灘"(安15[字]、16[字]、17[字];上[字]、[字]),亦見于鄂君啓舟節([字]、[字])。當分析爲從水,難聲,係漢水之"漢"的專字,與《説文》所訓"水濡而幹也"的"灘"爲同形關係。安大簡之"窐"(₁₅[字]、₁₆[字]、₁₇[字]),從宀,坒("往"之初文)聲,乃楚文字習見"廣"之異體,上古音"坒"屬匣紐陽部,"廣"屬見紐陽部,與上博簡之"坒"([字])諧聲可通。

(九)鵲巢

《毛詩·召南·鵲巢》"維鵲有巢",安大簡 21 號簡作"隹鵲又巢",上博簡《詩論》10 號簡引篇名作"鵲㯷"。安大簡之"巢"([字]、[字]、[字])與《毛詩》一致,上博簡之"㯷"([字]、[字]、[字])累增木旁繁化。"巢"爲象樹上有鳥巢之形的象形字,本有木,"㯷"之寫法屬疊床架屋。《説文·木部》:"㯷,澤中守艸樓也。"徐鍇《繫傳》:"謂其高若鳥巢也,今田中守稻屋然。"段注:"謂澤中守望之艸樓也。艸樓,蓋以艸覆之。"似指高聳的草屋。不過從楚簡中的實際用例來看,應同"巢"。《龍龕手鑒·木部》:"㯷,鳥穴居也。"安大簡之"鵲"作[字]、[字]、[字],上博簡之"鵲"作[字]、[字]、[字],除所從鳥旁亦作兩類,所從"昔"安大簡下部作一橫畫,上博簡則多一交叉豎畫。二者皆與《毛詩》之"鵲"偏旁左右位置相反,實則無別。

(十)召伯、召公

《毛詩·召南·甘棠》"召伯所説",安大簡 28 號簡作"邵白所㪅",上博簡《詩論》15 號簡作"《甘棠》之愛,以邵公□"。安大簡、上博簡均以"邵"([字]、[字])對應"召",二字諧聲可通。"邵公""邵伯"即典籍記載的"召公"。

(十一)野有死鹿

《毛詩·召南·野有死麕》"野有死鹿",安大簡 38 號簡作"埜又死麤(图)",上博簡《詩論》23 號簡引《小雅·鹿鳴》篇名之"鹿"亦作"麤"(图),亦見於新蔡簡零 352 號簡(图)。實爲"鹿"加注聲符"录",係"鹿"字繁體。

(十二)芋、華

《毛詩·召南·何彼襛矣》"唐棣之華""華若桃李",安大簡 39 號簡作"募蕖之芋""芋若桃棅"。對應"華"之字作從艸于聲之"芋"(图、图),上博簡《詩論》9 號簡引《小雅·裳裳者華》篇名之"華"亦作"芋"(图),上博簡《逸詩·交交鳴鵻》2 號簡"皆芋皆英"亦以"芋"(图)表"華"。楚文字中以"芋"表"華""花"之例甚多,兹不贅舉。

(十三)交交黃鳥、交交鳴鳥

《毛詩·秦風·黃鳥》"交交黃鳥",安大簡 51、52、53 號簡作"鮫₌黃鳴",上博簡《詩論》9 號簡引《小雅·黃鳥》篇名作"黃鳴",23 號簡引《小雅·鹿鳴》之篇名作"鹿鳴",《逸詩·交交鳴鵻》2、3 號簡有"交₌鳴鵻",讀爲"交交鳴烏"。與"鳥"對應之字安大簡爲從口鳥聲之"鳴"(图、图、图),上博簡《詩論》亦作此(图),唯鳥旁寫法稍別,偏旁位置左右相反。該字因"鳥"字在語境中與鳴叫有關,故加口,是鳴鳥之"鳥"的專字,劉釗先生將這種做法稱爲"隨文改字"。① 與上博簡《詩論》《逸詩》從口從鳥會意之"鳴"(《詩論》图,《逸詩》图、图)爲同形字。形容鳥鳴聲之詞安大簡作從鳥交聲之"鮫₌"(图、图、图)②;上博簡《逸詩》作"交₌"(图、图),則與《毛詩》同③。

(十四)墻有茨、墻有蕡藜

《毛詩·鄘風·墻有茨》"墻有茨",安大簡 85、86 號簡作"牆又蕡藜""牆又蕡藜",上博簡《詩論》28 號簡引篇名作"牆又薺"。對應"墻"之字,安大簡、上博簡均爲"牆"(安85 图、86 图、图,上 图),從城墻之象形初文"㐭",爿(牀)聲。對應

---

① 劉釗:《古文字構形學》,福州:福建人民出版社,2011 年,第 64~67 頁。
② 第三例鳥旁寫法與安大簡主流寫法不同,而近於前所論上博簡之寫法。
③ 周翔、邵鄭先:《安大簡〈詩經〉專字叢考》,《漢字漢語研究》2020 年第 1 期。

"茨"之文字,安大簡從"虫""蚰"作"𧑒𧒻"(₈₅ [圖]),又從"虫"作"𧑒蛰"(₈₆ [圖]、[圖]),即"蒺藜(蠡)",借作"蒺藜"。上博簡則作"薺"([圖]),是前者的合音,"茨"之假借。《爾雅·釋草》:"茨,蒺藜。"《說文·艸部》:"薺,蒺藜也。從艸,齊聲。《詩》曰:'牆有薺。'"陳喬樅《詩經四家異文考》:"《說文》所據,《詩》三家今文也。"陳奐《詩毛氏傳疏》:"薺本字,茨假借字。蓋疾藜合呼之曰薺也,後人加艸耳。"程燕先生有專文詳論,可參。①

(十五)蟋蟀

《毛詩·唐風·蟋蟀》"蟋蟀在堂",安大簡 101、102、103 號簡作"𧌒𧍚才堂"。與"蟋蟀"對應之字,安大簡作從蚰七聲之"𧌒"([圖]、[圖]、[圖])與從蚰衛(率)聲之"𧍚"([圖]、[圖]、[圖])。上博簡《詩論》27 號簡引篇名作"七衛","衛"從止衛聲([圖])。清華簡《耆夜》9 號簡作"𧌒蟀"([圖]),10、11、13 號簡作"𧌒蟀"([圖]、[圖]、[圖])。"𧌒"從虫七聲,"蟀"從虫衛聲。三簡寫法互有關聯,實屬一類。

二、對上述現象的認識

通過對上述楚簡相關內容文字的對讀,我們可以發現,楚簡文本內部在《詩經》相關材料的記錄上,字形、文字表述既有不少明顯的對應關係,也有若干歧異。但相比之下,相同、相關是主流的,差異則是相對較少的。這些關係啓示我們:

1. 雖然楚簡文獻文字構形、用字相對比較自由,字詞關係比較複雜②,不同抄本也各有其個性③,但它們在《詩經》類文獻的文字書寫上却呈現出相當高的一致性,有些寫法可以看出明顯的類同或近似,有些雖有微殊,然其間的關聯可以使之歸爲一類。這在寫法變化莫測的戰國文字系統中并不尋常,恐怕不

---

① 程燕:《〈牆有茨〉新解》,《安徽大學學報》(哲學社會科學版)2018 年第 3 期。
② 黃德寬:《從出土文獻看漢語字詞關係的複雜性》,《歷史語言學研究(第七輯)》,北京:商務印書館,2014 年,第 84~90 頁。
③ 如安大簡文字所從鳥旁多作[圖]一類,上博簡則多作[圖]之屬。

是偶然。不排除是因爲《詩經》本身的經典性和權威性,使得人們對其文本的規範與統一有較高的認識和追求。這可以從一個側面反映出文本的性質、内容對文字使用的制約作用,也反過來説明我們在考察文字現象時,不能忽視文本自身的規約作用,這種作用甚至會跨越不同的書手。

2. 楚簡《詩》類文獻在文字上的趨同也進一步證明,《詩經》這一經典文獻至遲在戰國時代就應當已經形成了比較固定的文字傳本。即便我們所討論的材料都是以楚文字書寫,這種趨同可能反映了楚文字内部的某些一致性,但考慮到楚文字本身在實際書寫中的豐富多變,不同書手在抄寫時却能"不謀而合",如果不是他們所依據的"祖本"已經定型并廣爲社會所接受,那麽這種若合符契的效果實在很難被解釋。正如我們在上一點所指出的,文字的總體一致性反過來證明了文本的同一性,而這些具備同一性的戰國抄本與後來流傳下來的《毛詩》文字的差异大多屬于通假、异體和古今字之類情況。因此,我們可以斷定,後世所見《詩經》的面貌至遲在戰國時代已經基本成型,對其流動性和不穩定性的認識不宜過度。①

3. 安大簡《詩經》與郭店簡、上博簡、清華簡等新舊楚簡同類材料在文字使用上的共性大于個性,也可以證明這些材料,尤其是非考古發掘所得材料本身的真實性。從現有的經驗可以知道,目前出土文獻作僞難度最大,最容易露出破綻的便是文字環節。换言之,某材料在文字上符合其系統性特徵也是認定其真實性最有力的證據。那些對安大簡、上博簡、清華簡真實性的質疑一旦被放到整個楚簡《詩》類材料的文字系統中去考察,便會不攻自破。更遑論這些材料中還經常可以看到首次出現而與已有同類材料(含郭店簡這樣的考古發掘品)文字相關的現象,這是任何試圖造假的人無法未卜先知的。

至于有些比較極端的觀點對除郭店簡這樣考古發掘所得材料之外的所有回流竹簡都持懷疑態度,且質疑皆出自與傳世文獻之對讀及所謂"揆情度理"之分析,全然不考察當時當地文字運用的證據鏈條。這種做法實與漢代今文

---

① 西方漢學界有持此説者,以柯馬丁、宇文所安爲代表,亦有白一平、夏含夷等不同意見的討論。詳參夏含夷(孫夏夏譯,蔣文校):《出土文獻與〈詩經〉口頭和書寫性質問題的争議》,《文史哲》2020年第2期。

經學派斥古文經學"向壁虛造不可知之書"如出一轍,其虛無主義之論調已爲學界主流觀點所批駁。[①] 現在看來,對這些材料的研究越深入,對如是論調的反證就越充分有力,也越能證明主流意見對這些材料的信任是立得住的。

三、結　語

以上是我們通過對新舊楚簡《詩經》類材料的對讀所得出的一些拙見,文中所列現象,恐怕也僅僅算得上此類材料的冰山一角。但從這一小的切入點也可以管窺出土《詩經》類文獻文字問題的復雜性及其價值。我們相信,隨着相關材料的日漸豐富,類似的印證與互補會越來越多,越來越充分。因此,文字學、出土文獻研究工作者應加強對這類傳世經典的早期抄本或相關材料的考釋與研讀。以自己扎實、有力的基礎性研究爲這些材料正名,同時也爲其他學科吸收、利用這些材料提供可靠的整理本子與基本認識。而文學、哲學、文獻學、文化學、思想史等相關學科研究者也應正視出土材料并從自身學科角度出發,進一步深挖這些材料,與直接整理、研究者的工作形成良性互動,構建兼容并包、携手共進的經典文獻學術共同體。如此,方爲所有相關學科學人在"地不愛寶"、新材料層出不窮的當今時代應有之態度。

(周翔:安徽大學漢字發展與應用研究中心、出土文獻與中國古代文明研究協同創新中心,230039,合肥)

---

① 李守奎:《清華簡的形制與内容》,《古文字與古史考》,上海:中西書局,2015年,第4頁。劉釗:《當前出土文獻與文學研究的幾點思考》,《濟南大學學報》(社會科學版)2019年第4期。麥笛:《爲什麽說清華簡安大簡絶非僞簡——淺談簡牘的辨僞》,《中華讀書報》2019年12月5日。

長沙楚帛書十二月神獸考

連 劭 名

〔摘　要〕 楚帛書記載的十二月名,分布位置與十二地支相同。文字一側有神獸圖像,當分別對應牛、駒騇、玄鳥、雉、狗、蛇、馬、狙、牂羊、豕、玄武、烏,其源出自陰陽數術之學,故與十二生肖不同。

〔關鍵詞〕 楚帛書　十二月　月名　神獸

發現于長沙東郊子彈庫的戰國楚帛書,內容豐富多彩。除文字外,還有圖像,沿周邊十二個月每月配一神獸。帛書月名見于《爾雅·釋天》,分布位置與十二支同。《淮南子·天文》云:"子午、卯酉爲二繩,丑寅、辰巳、未申、戌亥爲四鉤。"子正北,午正南,卯正東,酉正西。四鉤即四維,亦稱四隅。丑寅當東北,辰巳當東南,未申當西南,戌亥當西北。

一、夏曆仲冬十一月建子。帛書圖像繪一短角神獸,應爲牛。《禮記·曲禮下》云:"牛曰一元大武。"《春秋繁露·玉英》云:"一元者,大始也。"《爾雅·釋詁》云:"元,始也。"一爲數目之始,子爲地支之始,在太一九宮占盤中一、子同位。《老子》第五十二章云:"復知其子。"河上公注:"子,一也。"《素問·五常政大論》云:"眚于一。"王冰注:"一,北方也。"《説文》云:"惟初大始,道立于一,造分天地,化生萬物。"

先天八卦方位坤,正北。坤爲土,《禮記·月令》云:"食麥與牛。"鄭玄注:"牛,土畜也。"《周禮·庖人》鄭玄注:"牛屬司徒土也。"《周易·説卦》云:"坤爲牛。"天爲父,地爲母,《周易·離》卦辭:"畜牝牛吉。"虞翻注:"坤爲牝牛。"天爲玄,地爲黃,《周易·遯》六二云:"執之用黃牛之革。"虞翻注:"坤爲黃牛。"因爲牛當夏曆十一月子,故《周易·説卦》云:"坤爲子母牛。"

牛是古代農業生産中的重要牲畜。《周禮·大司徒》云："奉牛牲。"鄭玄注："牛能任載，地類也。"《素問·五運行大論》云："地者，所以載生成之形類也。"土地與牲牛屬農業民族最寶貴的財産，故將二者歸爲一類。

二、夏曆季冬十二月建丑，月名曰涂。帛書圖像爲駼騟。涂、騟并從余聲。《説文》云："騟，駒騟也，北野之良馬。"《史記·匈奴列傳》云："駒騟，似馬而青也。"丑位東北隅。北方又稱伏方，幽隱之地，《爾雅·釋獸》《釋文》引《瑞應圖》云："駒騟，幽隱之獸也。"《荀子·王制》云："北海則有走馬、吠犬焉，然而中國得而畜之。"

《爾雅·釋獸》《釋文》引《字林》云："駒騟，北方良馬也。一曰野馬也。"《莊子·逍遥遊》云："野馬也，塵埃也，生物之以息相吹也。"郭象注："野馬者，遊氣也。"成玄英疏："邑外謂之郊，郊外曰牧，牧外曰野。此言青春之時，陽氣發動，遥望藪澤之中，猶如奔馬，故謂之野馬也。"《管子·五行》云："不行其野，不違其馬。"

三、夏曆孟春一月建寅，帛書圖像爲玄鳥。《詩經·玄鳥》云："天命玄鳥，降而生商，宅殷社茫茫。"玄鳥即燕子，春來秋去，隨天氣陰陽變化而活動。孟春時節，萬物復蘇，燕子來臨，帛書本月與圖像相配的文辭云："虺則至。"虺即玄鳥。

四、夏曆仲春二月建卯，帛書圖像應是雉。《爾雅·釋詁》云："雉，陳也。"卯、劉古通，《爾雅·釋詁》云："劉，陳也。"先天八卦方位離，正東，與卯同位，《周易·説卦》云："離爲雉。"《周易·旅》六五云："射雉，一矢亡。"干寶注："離爲雉。"《周易·巽》六四云："田獲三品。"虞翻注："離爲雉。"離、儷古通，《儀禮·士昏禮》云："儷皮。"鄭玄注："儷，兩也。"《淮南子·天文》云："未在巳曰屠維。"高誘注："維，離也。"《素問·陰陽類論》云："二陽爲維。"故帛書圖像繪一雉兩首而身有長羽。

五、夏曆季春三月建辰，帛書圖像繪一方首神獸，應是狗。《春秋考异郵》云："故斗運狗三月而生也。"鄭玄注："狗，斗之精所生也。"《大戴禮記·易本命》云："斗主狗。"狗從句聲，《莊子·田子方》云："履句履者知地形。"《釋文》引李注："句，方也。"故將狗繪爲方首。

六、夏曆孟夏四月建巳，帛書圖像應是蛇。《釋名·釋天》云："巳，已也，陽氣畢布已也。"《説文》云："巳，已也。四月陽氣已出，陰氣已藏，萬物見，成文章，故巳爲蛇，象形。"《論衡·物勢》云："巳，火也。其禽蛇也。"

七、夏曆仲夏五月建午，帛書圖像應是馬。五月圖像近于季冬十二月，二者都是馬，不同之處在于五月之馬有三首。《周易·訟》上九云："終朝三褫之。"荀爽注："三者，陽功成也。"《周易·師》九二《象》云："王三賜命。"荀爽注："三者，陽德成也。"陽息至五月而達其極，故馬有三首象徵陽氣極盛的狀態。

先天卦位乾，正南，與午同位。乾爲太陽，《白虎通·封公侯》云："馬，陽物也。"《周易·説卦》云："乾爲馬。"《周易·系辭下》云："服牛乘馬。"虞翻注："乾爲馬。"

八、夏曆季夏六月未，月名曰"且"，李零認爲帛書圖像爲"狙"。①《廣雅·釋獸》云："猱，狙，獼猴也。"

九、夏曆孟秋七月建申，帛書月名曰"倉"，圖像爲一雙角神獸，應爲牂羊。《説文》云："牂，牝羊也。"《左傳·定公十四年》云："頓子名牂。"《公羊傳》作從倉聲字。《詩經·苕之華》云："牂羊墳首，三星在罶。"

十、夏曆仲秋八月建酉，帛書圖像繪一長嘴多毛神獸，應是豕。酉位正西，以四季配四方，西方爲秋，《楚辭·大招》云："豕首縱目，被髮鬤只。"王逸注："言西方有神，其狀猪頭從目。"西漢卜千秋墓壁畫西壁正中繪一猪頭人身之神。先天八卦方位坎，正西，《周易·説卦》云："坎爲豕。"《周易·睽》上九云："見豕負塗。"虞翻注："坎爲豕。"《周易·巽》六四云："田獲三品。"虞翻注："坎爲豕。"《詩經·漸漸之石》云："有豕白蹄，烝彼波矣。月離于畢，俾滂沱矣。"

十一、夏曆季秋九月建戌，帛書圖像繪一雙首神龜，應是玄武。帛書九月名玄，幽冥昧暗之義。玄武爲水神，龜蛇合體，故神獸雙首。《楚辭·靈懷》云："玄輿馳而并集兮。"王逸注："玄者，水也。"《後漢書·馮衍傳》李賢注："玄武謂龜蛇，位在北方，故曰玄。"

十二、夏曆孟冬十月建亥，帛書圖像繪一帶冠黑鳥，應是烏。《古微書》引

---

① 李零：《長沙子彈庫戰國楚帛書研究》，北京：中華書局，1985年。

《春秋元命苞》云:"烏,孝鳥。陽精,天意烏在日中,從天所以昭孝也。"《文選·蜀都賦》李善注引《春秋元命苞》云:"陽成于三,故日中有三足烏,陽精。"《後漢書·班彪傳下》李賢注:"烏者,陽之精。"帛書十月名"陽",配以烏的形象,取"烏"爲陽精之義。

楚帛書十二月神獸源自陰陽數術之學,非如後世十二生肖。天地盈虛,與時消息。陽息而升,陰消而降。二月雉二首,五月馬三首,如《老子》第四十二章所云:"道生一,一生二,二生三,三生萬物。萬物負陰而抱陽,沖氣以爲和。"河上公注:"一生陰與陽也。"又云:"陰陽生和、清、濁三氣,分爲天地人也。"《説文》云:"卯,冒也,二月萬物冒地而出,象開門之形,故二月爲天門。"又云:"五,五行也。從二,陰陽在天地間交午也。"

《易緯乾鑿度上》云:"孔子曰:易者易也,變易也,不易也。"一爲不易,二爲變易,三爲簡易。《周易·系辭上》云:"乾以易知,坤以簡能,易則易知,簡則易從。易知則有親,易從則有功。有親則可久,有功則可大,可久則賢人之德,可大則賢人之業,易簡而天下之理得矣。天下之理得,而易成位乎其中矣。"天下之理是性命之理,《禮記·中庸》云:"天命之謂性。"《周易·説卦》云:"昔者聖人之作易也,將以順性命之理,是以立天之道曰陰與陽,立地之道曰柔與剛,立人之道曰仁與義。"《禮記·王制》云:"有旨無簡不聽。"鄭玄注:"簡,誠也。"《爾雅·釋詁》云:"簡,明也。"《禮記·中庸》云:"自誠明,謂之性,自明誠,謂之教。誠則明矣,明則誠矣。"

(連劭名:北京教育學院中文系,100120,北京)

上博簡《舉治王天下》簡 22、簡 24 補字連讀及"寺(志)"字訓讀

黃 武 智

〔摘 要〕 本文從先秦儒家"對話體"之行文方式觀察,同時結合竹簡形制及簡 22 殘存狀況,認爲上博楚簡《舉治王天下》簡 22、簡 24 間可補入"曰"字,且補字後二簡即可連讀;而在"寺"字釋讀方面,考察《舉治王天下·堯王天下》上下文意,認爲"寺"可讀爲"志",訓作"意志"。

〔關鍵詞〕《舉治王天下》《堯王天下》 上博楚簡 上博簡 上博九

上博楚簡《舉治王天下》于《上海博物館藏戰國楚竹書(九)》發表時[①],整理者濮茅左即依其内容將之分爲五篇,分別爲《古公見太公望》《文王訪之于尚父舉治》《堯王天下》《舜王天下》《禹王天下》(以下簡稱"原釋")。其後,除個別文字之釋讀學者紛紛提出討論外,部分學者亦針對其簡序提出修正意見。其中,有關《堯王天下》一篇,王瑜楨調整簡序爲"簡 21、簡 22＋簡 24＋簡 23、簡 25",并釋讀簡 22"寺"字爲"時"(原釋讀爲"志"),值得參考,唯其説仍待進一步討論。

一、"簡 22、簡 24"補"曰"字後可以"連讀"

本文以爲"簡 22、簡 24"可以"編連",爲討論方便計,先將編連後之内容列舉如下:

訪之于子曰:"坒(從)正(政)可(何)先▄?"墨(禹)會(答)曰:"隹(惟)寺(志)▄。"堯【曰:】〔簡22〕"凥(居)寺(志)可(何)先?"曰:"毋忘亓(其)所

---

① 馬承源:《上海博物館藏戰國楚竹書(九)》,上海:上海古籍出版社,2012 年。

不能。"堯曰:"于(呼)虖(呼)!日月閔関(間),哉(歲)聿□……〔簡 24〕
此段載"堯王天下"後拜訪禹,向禹請教"從政何先"的問題。其簡序編排、補文問題,討論如後。

第一,簡序編排:原釋認爲當依"簡 21、簡 22、簡 23、簡 24、簡 25"之次序編排。王瑜楨調整簡序爲"簡 21、簡 22+簡 24+簡 23、簡 25"。針對"簡 22+簡 24",其云:

  簡 22 説堯訪禹何者爲從政之先,禹答以"時",接着簡 24 堯問"處時何先",與簡 22 可以銜接。①

其認爲簡 22 後可接簡 24,但對于二者文句是否連讀則無進一步説明。按:從文意上來看,簡 22 堯先問禹"巠(從)正(政)可(何)先▃",接着禹回答"隹(惟)寺(志)▃"。于是,禹再追問"尻(居)寺(志)可(何)先",文意貫連,語氣一致。先秦儒家文獻中以"對話體"展開討論之文章結構并不罕見,上博楚簡中亦不乏其例,例如《仲弓》一段:

  中(仲)弓曰:"敢昏(問)爲正(政)可(何)先?"〔簡 5〕中(仲)尼:〔簡 28〕【曰】"老=(老老)慈幼,先又(有)司,舉(舉)殹(賢)才,惑(宥)怸(過)舉(舉)皋(罪),〔簡 7〕正(政)之刉(始)也。〔簡 8A〕"中(仲)弓曰:"若夫老=(老老)慈=幼(慈幼),既昏(聞)命壴(矣)。夫先又(有)〔簡 8B〕司爲之女(如)可(何)?"②

以上是一段對話。仲弓先請教孔子"爲正(政)可(何)先",接着孔子回答:"老老慈幼,先有司……"于是仲弓根據孔子的回答繼續追問:"若夫老老慈幼,既聞命矣。夫先有司爲之如何?"又如《季康子問于孔子》一段:

  季庚(康)子䎽=(問)于孔=(孔子)曰:"肥從又(有)司之逡(後),罷(一)不智(知)民矛(務)之安才(在)!唯子之刉(貽)䏌(憂)。青(請)昏(問)羣=(君子)之從事者,于民之〔簡 1〕【□□□□□□□□孔=(孔子)曰:"仁之以】惪(德),此君子之大矛(務)也。"庚(康)子曰:"青(請)昏(問)可(何)胃

---

 ① 王瑜楨:《舉治王天下釋譯》,季旭昇、高佑仁編:《上海博物館藏戰國楚竹書(九)讀本》,臺北:萬卷樓圖書股份有限公司,2018 年,第 166 頁。
 ② 本段釋讀參黃武智:《上博楚簡"〈禮記〉類"文獻研究》,臺北:花木蘭出版社,2018 年,第 166~167 頁。

(謂)怠(仁)之㠯(以)悳(德)?"①以上是季康子與孔子的對話,季康子先請教孔子"民務之安在",接着孔子回答:"仁之以德,此君子之大務也。"于是,季康子根據孔子的回答繼續追問:"請問何謂仁之以德?"以上兩段,其叙述方式皆爲受訪者回答一個問題之後,詢問者再針對前一個答案的義涵繼續追問。《堯王天下》此處之叙述方式可與上述兩段參照:若將"簡22+簡24"編連觀之,則前其叙述方式乃與上述兩段相同,然則王氏所提"簡22+簡24"之説值得參考,唯簡24與簡23是否可以連讀,仍待討論。

第二,殘簡位置:原釋將簡22視爲完簡的上半段,書寫于完簡的第一、二契口間,王楨瑜調整簡序後從之。按:從竹簡形制上看,據原釋所載,完簡"簡長46厘米……第一契口距上端1.4厘米~1.5厘米,第一契口與第二契口間距22.3厘米~22.5厘米,第二契口與第三契口間距20.3厘米~20.5厘米,第三契口距下端1.4厘米~1.5厘米"。② 而簡22"長18.9厘米,上、下殘。第一道契口距上殘端0.3厘米"。③ 從現存殘簡觀之,簡22的這段文字,仍可能屬完簡的下半段,書寫于完簡的第二、三契口間。然則其下方所餘空間(18.9厘米)與完簡(20.3厘米~20.5厘米)相較,尚可書寫一字;從上下文觀之,當可補入"曰"字。如此,則"簡22+簡24"可以連讀。連讀後之文爲:"禹答曰:'惟志。'堯曰:'居志何先?'"

二、簡22、簡24"寺(志)"字訓讀

原釋簡22"隹(惟)寺(志)▇"句中的"寺"字讀爲"志";簡24"凥(居)寺可(何)先"句中的"寺"字讀爲"時"。其云:

從政首當志正,志正然後身正,身正然後民正,民正而天下正。……從政立志修内,《上海博物館藏戰國楚竹書(二)·從政(甲篇)》:"聞之曰:

---

① 本段釋讀參黃武智:《上博楚簡"〈禮記〉類"文獻研究》,第200~201頁。
② 馬承源:《上海博物館藏戰國楚竹書(九)》,第191頁。
③ 馬承源:《上海博物館藏戰國楚竹書(九)》,第218頁。

從正(政),敦五德,固三折(誓),除十怨。"故立"志"爲從政之先。①馬承源將"寺(志)"訓作"立志修內"。王瑜楨認爲兩句中的"寺"字皆當讀爲"時"。針對簡22"寺"字,其云:

> 原考釋謂"立志爲從政之先",先秦未見此説,也不合先秦的環境,古代貴族受學,本來就是要爲國家服務,没有"立志"與否問題。"寺",讀"時",釋爲"適時",指合適、合宜。這一簡是堯和禹討論從政的重要性,應以何爲先,禹回答説以"時"爲要。內容應與《吕氏春秋•孝行覽•首時(或作"胥時")》同,曰:"時固不易得。……聖人之見時,若步之與影不可離。……故聖人之所貴,唯時也。"《馬王堆帛書集成•周易經傳•謬和》:"古之君子,時福至則進取,時亡則以讓。"②

王瑜楨將"寺(志)"訓作"適時",指合適、合宜。如上所述,簡22與簡24可以連讀,故王氏將二"寺"字釋讀爲同字之思路值得參考,唯將二字皆讀爲"時",訓作"適時",指合適、合宜,尚可商榷,因爲"時"字訓作"適時"尚可解説,若進一步訓作"合適、合宜"則稍嫌牽强,而所引《吕覽》、馬王堆《周易經傳•謬和》之文,前者指聖人須等待時機("時固不易得")、把握時機("聖人之見時,若步之與影不可離"),後者指君子當觀察時勢而知進退("時福至則進取,時亡則以讓");二者文旨與《堯王天下》此處下文"毋忘其所不能"文意無法連貫。另外,原釋所謂"立志",非指在事功上"爲國家服務",而是指"修內",即"修養內在的品德";此説與先秦儒家思想相符,唯訓作"立志"容易引起誤解,可再進一步訓解。

本文以爲簡22、簡24二"寺"字皆可讀爲"志",訓作"意志"。《説文•心部》《廣雅•釋詁三》《玉篇•心部》等皆訓"志"字爲"意"。③ 先秦儒家文獻中多有訓"志"爲"意"之處。《毛詩大序》載:"詩者,志之所之也,在心爲志,發言爲詩。"孔穎達《正義》曰:"詩者,人志意之所之適也。雖有所適,猶未發口,蘊藏

---

① 馬承源:《上海博物館藏戰國楚竹書(九)》,第218頁。
② 王瑜楨:《舉治王天下釋譯》,季旭昇、高佑仁編:《上海博物館藏戰國楚竹書(九)讀本》,第169頁。
③ 宗福邦、陳世鐃、蕭海波:《故訓匯纂》,北京:商務印書館,2003年,第770頁。

在心,謂之爲志。"①此處"志意"成詞,"志"即"意"也,可訓作"蘊藏在心的想法"。又,《荀子·王霸》:"主之所極然帥群臣而首鄉之者,則舉義志也。"楊倞注:"志,意也。主所極信率羣臣歸向之者,則皆義之志。謂不懷不義之意也。"②"志"字訓作"意",即"意志"。③

上博楚簡中部分篇章與傳世本《禮記》《大戴禮記》可以對應,其文獻性質較爲接近,尤其值得參考。其中《大戴禮記·曾子疾病》一段文字的義旨乃與《堯王天下》此處所載相契。《大戴禮記·曾子疾病》載:

> 言不遠身,言之主也;行不遠身,行之本也;言有主,行有本,謂之有聞矣。君子尊其所聞,則高明矣;行其所聞,則廣大矣。高明廣大,不在于他,在加之志而已矣。……吾不見好學盛而不衰者矣,吾不見好教如食疾子者矣,吾不見日省而月考之其友者矣!吾不見孜孜而與來而改者矣!④

"在加之志而已矣"中的"志",王聘珍作了這樣的解詁:"志,意也。"黄懷信云:"加之志,存之于心也。言欲已之高明廣大,惟有將所聞存之于心而已。"⑤阮元曰:"曾子之學,皆本于身,不求言行于虛遠之地,以身爲言行所從出,故日省其身。"⑥曾子之學主要在于自省其身,故云"不在于他",强調君子之言行欲達致高明廣大之德業,關鍵在於將所聞存之于心,并且持續不斷地自我要求,故下文云:"吾不見好學盛而不衰者矣,吾不見好教如食疾子者矣,吾不見日省而月考之其友者矣!吾不見孜孜而與來而改者矣!"戴德言及"不衰""如食疾子""日省月考"與"孜孜"等詞語,皆强調"持續"的重要性。值得注意的是,此處所提"好學"之態度,其義旨與《堯王天下》所載"毋忘亓(其)所不能"相契,王聘珍

---

① 以上《毛詩大序》及孔穎達《正義》俱載(漢)毛亨傳、(漢)鄭玄箋、(唐)孔穎達疏:《毛詩正義》,載《十三經注疏》,臺北:藝文印書館,1997年,第13頁。
② (周)荀況著,(清)王先謙撰:《荀子集解》,北京:中華書局,1996年。
③ 李滌生釋此句云:"言他所積極領導羣臣所嚮往的,都是義志(合于禮義的志向)。"(周)荀況著,李滌生集釋:《荀子集釋》,臺北:學生書局,1988年,第231頁。將"義志"解爲"禮義的志向",當爲參照上文"羣臣歸向"之文,綜合上下文意而解之者。
④ (漢)戴德著,方向東集解:《大戴禮記匯校集解》,臺北:中華書局,2008年,第576頁。
⑤ (漢)戴德著,黄懷信注:《大戴禮記彙校集注》,西安:三秦出版社,2004年,第606～670頁。
⑥ (漢)戴德著,方向東集解:《大戴禮記匯校集解》,第582頁。

云:"省,察也。考,校也。言就其友省察考校己之德行道藝。此言人之好學。《論語》曰:'日知其所亡,月無忘其所能,可謂好學也已。'孜孜,不怠之意。"①其中所引《論語》文句乃子夏所言,《論語·子張》載:"子夏曰:'日知其所亡,月無忘其所能,可謂好學也已矣。"孔《疏》云:"日知其所未聞。"《正義》曰:"皇《疏》云:'日知其所亡,是知新也。'"劉宗周《論語學案》:"君子之于道也,日進而無疆,其所亡者,既日有知之,則拳拳服膺而弗失之,至積月之久而終不忘。"②綜言之,上引《大戴禮記·曾子疾病》一段之義旨爲:君子唯有將所聞置于心中,且持續不停地自我改善、自我修養,方能在德行學問上有所成,強調"意志"對于修身學習之重要性,蓋意志堅定方能不斷勉勵、努力不懈地學習其所"不能"之處。然則"在加之志而已矣"句"志"字可訓作"意志"。

值得注意的是,《堯王天下》禹所云"亓(其)所不能"即《論語》子夏所云"其所亡",乃指個人德行、學問之不可缺,且二者文義可以相契:能"毋忘亓(其)所不能"方能勉勵自我而"日知其所亡"。此外,《堯王天下》簡 24 所載堯曰:"日月閔閖(間),骰(歲)聿□。"雖有缺文,然其義旨大抵言光陰似箭,故需把握時間,自我精進。此皆承上文"居志"之義進言之,而與上引《大戴禮記·曾子疾病》一段"好學盛而不衰者"之義旨相契。

以上爲傳世文獻所載"志"訓作"意"之説,在上博楚簡其他篇章亦不乏其例,《武王踐阼》載:

　　　　大(太)公含(答)曰:"丹箬(書)之言又(有)之曰:'志勠(勝)欲則〔簡 13〕【昌】,欲勠(勝)志-則喪-,志勠(勝)欲則從-,欲勠(勝)志則凶。……〔簡 14〕③

武王向太公(師尚父)問道,太公(師尚父)引"丹書之言"以答之,一開始即以"志欲對舉"強調"志勝欲"之重要性。《武王踐阼》全篇之義旨大抵言太公(師尚父)告誡武王增加其"志",故武王于室內諸器物上作銘文,以時時自我砥礪。

---

① (漢)戴德著,方向東集解:《大戴禮記匯校集解》,第 586 頁。
② 以上《論語》正文及孔《疏》、劉宗周《學案》引文,俱載(周)孔丘著,(清)劉寶楠正義:《論語正義》,北京:中華書局,1998 年,第 739 頁。
③ 此處引文參黃武智:《上博楚簡〈武王踐阼〉及傳世本〈大戴禮記·武王踐阼〉對讀》,《先秦兩漢學術》2012 年第 17 期,第 94～95 頁。

從"志""欲"對舉的情況觀之,此處之"志"亦可訓作"意志",蓋意志堅強方可不受欲望控制。此種將"志""欲"對舉,并強調"意志"重要性之觀念,可與《孟子·告子上》以下一段參看,孟子曰:

> 無或乎王之不智也。雖有天下易生之物也,一日暴之,十日寒之,未有能生者也。吾見亦罕矣,吾退而寒之者至矣,吾如有萌焉何哉?今夫弈之爲數,小數也,不專心致志則不得也。

此處孟子以學弈爲例,說明齊王當"專心致志",親賢能而遠小人,蓋賢能可引導齊王爲善,而小人則陷齊王爲惡,若不"專心致志",則如物之"一暴十寒",其善心無法生長。《正義》云:

> 蓋天下易生之物,譬齊王以爲善也;一日暴之,喻孟子一人輔之齊王也。十日寒之,喻姦佞臣之衆陷君于爲惡也。陷君于爲惡者如是之衆,則齊王所以不智也,喻未有能生者也。今夫譬之弈秋,但爲技數,雖小技,如不專一其心,致其篤志,則亦不得精也。①

此處孟子以暴、寒喻齊王親近君子、小人之影響,與前述《武王踐阼》"志""欲"對舉之論述方式相同,皆以"正""反"對舉之方式強調"志"之重要性。此處《正義》以"致其篤志"訓解"致志",則"志"亦"意志"之意,而孟子所喻即國君須"堅定意志"。值得注意的是,《武王踐阼》與《堯王天下》所言之對象皆爲"天子",而孟子所言亦針對"王",皆勸勉天子平居即需增強其"志",益見先秦儒家對天子"居志"之強調。

綜上,《舉治王天下·堯王天下》簡22、簡24"寺(志)"字可訓作"意",有"心中所藏""意志"的意思;增強意志乃爲政者平居即需時時砥礪于心者,故言"居志"。而《堯王天下》簡22+簡24的內容,大抵在說明爲政者平居在家即應把握時光,時時堅定意志,反省個人德能之不足,孜孜不倦地學習。

(黃武智:百色學院,533000,百色市)

---

① 以上《孟子》原文及《正義》引文,俱載(周)孟軻著,(清)阮元審定、盧宣旬校:《孟子正義》,載《十三經注疏》,臺北:藝文印書館,1997年,第200~201頁。

讀清華簡《攝命》篇賸録

侯乃峰

〔摘　要〕　清華簡《攝命》篇中，某些字詞文句的考釋訓解似可略作補充：一、"寡"或當從"宵"得聲，可讀爲"幽"。二、原隸定爲"逹"讀爲"泆"之字，或當隸定爲"逎"，在簡文中似當讀爲"諵"，訓爲"多語""多言"或"妄言""巧言"。三、原隸定爲"奎"，以爲從晶、室聲之字，有學者將其與"疊/疊"字認同，訓爲"懼"；此字原本有可能是"室星"之"室"的專字。四、原釋爲"逆"之字，當隸定爲"迋"，或可讀爲"藐"。五、兩個"惢"字，原皆讀爲"極"；或當讀爲"忌"，在簡文中作爲無實義的語氣詞。六、篇末"虖"字，原整理者讀爲"嗟茲"之"嗟"，看作語詞，認爲此簡是以"王曰'虖'"收束全篇；"虖"字當如李學勤先生所說讀爲"作"，但此"作"字并非"作事情之作"，而是《論語・述而》"述而不作"之"作"，即"創作、製作"之義。

〔關鍵詞〕　清華簡　《攝命》　字詞訓釋

《清華大學藏戰國竹簡（捌）》收録有《攝命》篇，文句佶屈，用辭古奧，與西周青銅器銘文極爲類似，其文本很可能來源于西周王室的史官之手。原整理者將此篇簡文認同于《尚書・冏命》，從其内容來看，應該是有道理的。[②]　在閲讀《攝命》篇的過程中，我們發現原整理者在釋文注釋中對某些字詞文句的考釋理解似有可以補充修訂之處，現不揣淺陋，將幾點想法以讀書札記的形式寫出來，以供研究者參考。

---

*　本文爲國家社科基金一般項目"《論語》古注新解綜合研究及數據庫建設"（18BZS003）的階段性成果。

②　清華大學出土文獻研究與保護中心編，李學勤主編：《清華大學藏戰國竹簡（捌）》，上海：中西書局，2018年，第109頁。下引原整理者意見，僅于其後標注頁碼，不具注。

一、寊窮

簡 1：余亦寊窮（窮）亡可事（使）

其中的"寊"字，字形作"㝱"。原整理者隸定爲"窔"，讀爲"曼"，訓爲"長"。（第 113 頁）

鄔可晶先生認爲：此字似即"夐"字的古體，但這個"夐"不是作爲"瞋"的初文的"夐"，而是另一個與"夐（瞋）"音義相關的"夐"字；從《攝命》的文義看，都應該讀爲"惸"（字或作"䒞""睘"等）；簡文"余亦夐窮亡可使"之"夐"讀爲"惸"，"惸""窮"連用，顯然是很合適的；周天子哀嘆自己孤獨困窮無人可差遣，因而"晝夕勤恤"，親自瘁勞國事；"余亦惸窮亡可使"的"惸"就是解作"無兄弟"，似亦合適。①

按：此字形上從"穴"、中從"目"、下從"又"甚明。我們懷疑此字應該是從上部的"宿"得聲。之所以這麼分析字形，是因爲戰國文字常見的"虞"字就是從上部的"虍"得聲的。與"虞"字構形相類比，將"寊"字分析成從"宿"得聲，應該也是很有可能的。

《說文》："宿，深目也。從穴中目。"段注云："按宿朕即今坳突字。"可知"宿"聲字古與"幼"聲字可通。又段注"黝"字云："黝古多叚（假）幽爲之。"又如戰國中山王鼎"䍃"字，即讀爲"幼童"之"幼"，可證"幼"聲字與"幽"聲字可通。②故此從"宿"得聲之字當可讀爲"幽"。"幽"字常訓爲"幽深、幽閉、昏暗不明"之義，也可以用于形容人事。如《國語·楚語上》："教之世，而爲之昭明德而廢幽昏焉。"韋昭注："世，謂先王之世系也。昭，顯也。幽，暗也。昏，亂也。爲之陳有明德者世顯，而暗亂者世廢也。"正是用"幽"字來形容人事之暗昧。"幽窮"一詞在古書中多指（自然環境）幽静偏僻之處，引申之，當可指身處幽暗困厄之境。如《魏書·帝紀·世祖紀上》拓跋燾徵盧玄、崔綽等詔曰："理廢職，舉逸

---

① 鄔可晶：《試釋清華簡〈攝命〉的"夐"字》，復旦大學出土文獻與古文字研究中心網站，2018 年 11 月 17 日，http://www.gwz.fudan.edu.cn/Web/Show/4324。

② 張儒、劉毓慶：《漢字通用聲素研究》，太原：山西古籍出版社，2002 年，第 172、246 頁。

民,拔起幽窮,延登俊乂。"又如韓愈《上考功崔虞部書》:"如執事者不以是爲念,援之幽窮之中,推之高顯之上,是知其文之或可,而不知其人之莫可也。"簡文"余亦幽窮亡可使"當是説:"我現在也處于幽暗困厄之境地,無人可以使用。"

二、邁

簡 13:女(汝)亦母(毋)敢于之

其中存原篆之字,原整理者隸定爲"遶",讀爲"泆",訓爲淫放。(第 116 頁)

按:此字與戰國簡文常見的多用爲"失"的"遶"字(如本輯《治邦之道》簡 25 的""),筆勢結構確實很接近。然仔細比較"遶"字形與本輯中出現的"遶"字形(第 177 頁),可見"遶"字形右上部與"遶"字形右上部(即"止"形)的寫法明顯有區别。"遶"字除去"辵"旁後,餘下的字形明顯是"南"字,與戰國簡文中所見的"南"字形對比即可知。

"遶"字,除去"辵"旁後作:

南

戰國簡文中的"遶"字,除去"辵"旁後作:

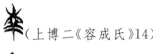（清華五《殷高宗問于三壽》24）　（清華六《鄭文公問太伯(甲)》11）

（清華六《子產》18）　（清華八《治邦之道》25）

戰國簡文中所見的"南"字:

南（郭店簡《太一生水》13）　南（上博二《容成氏》14）

南（上博二《容成氏》27）　南（上博三《周易》35）

(清華一《金縢》2)　　(清華二《繫年》99)

❂(清華四《筮法·卦位圖》49)　　❂(清華六《子儀》12)

原整理者之所以將"❂"字隸定爲"迲",讀爲"洪",應當是將其看作"迲"字的訛寫。這種看法的理據,很可能是源于清華簡(肆)《筮法·得》第13—15簡"作于陽,内(入)于会(陰),亦得,亓(其)❂十三"的"❂"字,原整理者即隸定成"徎",讀爲"失",以爲"其失十三"意即"有十分之三可能不得"。① 現在看來,將"❂"字釋爲"徎"讀爲"失"應該也是有問題的。"❂"字除去左邊的"彳"旁後,餘下的字形"❂"顯然就是"南"字無疑。而且,從文義上看,《筮法》本節内容是講"得",似與"失"無關。若是將簡文解釋爲"有十分之三可能不得",則結果仍可能是"失",這就和上句"亦得"矛盾了。因此,我們懷疑此字似當釋爲"徆",讀爲"南","其南十三"當是言所得之方位(南方)以及數量(十分之三)。

同樣,《攝命》簡13的"❂"字,亦當隸定爲"遹",在簡文中似當讀爲"諵",此字又作"喃""訥(諵)""詀","南"聲字與"冉(冄)"聲字、"占"聲字古音近可通。② 《説文》:"諵,諵諵,多語也。從言、冄聲。樂浪有諵邯縣。"《玉篇·言部》:"諵,多言。""詀,多言也。"又《集韵·帖韵》:"詀,妄言。"《類篇·言部》:"詀,多言。""詀,巧言。""詀,妄言。"諸字訓爲"多語""多言"或"妄言""巧言",于簡文中皆可通。

在本篇簡文中,受册命的伯攝職司"出内(納)朕命"(簡3)、"女(汝)隹(唯)言之司"(簡8)、"隹(唯)言乃事"(簡8)、"女(汝)有告于朕"(簡11—13),則其人明顯是負責傳達王命和轉達臣民意見的職官。如此,則簡文應爲"女(汝)亦母(毋)敢諵于之"。"之"指代伯攝爲周王所傳達的王命以及轉達的臣民意見,簡文意即周王告誡伯攝,在傳話過程中不要多言、妄言;也就是告誡他,在傳話時不要對所轉達的話語妄自添油加醋,多嘴多舌。

---

① 清華大學出土文獻研究與保護中心編,李學勤主編:《清華大學藏戰國竹簡(肆)》,上海:中西書局,2013年,第83頁。

② 張儒、劉毓慶:《漢字通用聲素研究》,第1044、1046頁。

如此理解簡文,則可以看出,有學者懷疑本篇的簡序,是古代的編簡者將簡 12 和簡 13 弄倒了,也就是其順序本來是簡 11＋簡 13＋簡 12＋簡 14①,應該是有道理的。因爲簡 12"女(汝)有退進于朕命",作爲總括上文之語,從行文邏輯上看,應該放到簡 13"女(汝)母(毋)敢有退于之"和"女(汝)亦母(毋)敢讕于之"之後。亦即,"退進于朕命"之"退"字,當對應"女(汝)母(毋)敢有退于之",指伯攝"出内(納)朕命",在天子和臣民之間居中傳話時,將所傳達的話語減損隱瞞;而"退進于朕命"之"進"字,正對應"女(汝)亦母(毋)敢讕于之",指伯攝傳話時對話語添油加醋,多嘴多舌。因爲這兩種情况,都會導致天子和臣民之間的誤會,所以天子要諄諄告誡。

三、𣆪(室)

簡 13:母(毋)弗𣆪

其中存原篆之字,原整理者隸定爲"𣆪",以爲從晶,室聲,讀爲"節"。(第 116 頁)有學者懷疑,這個字很有可能就是"疊"(後來亦寫作"疊")。《詩經·周頌·時邁》:"薄言震之,莫不震疊。"毛傳:"疊,懼。"《文選·劉孝標〈廣絶交論〉》:"九域聳其風塵,四海疊其熏灼。"張銑注:"聳、疊謂懼。"《玉篇·晶部》:"疊,懼也。"簡文"毋弗疊"似乎可以理解爲王告誡攝不要毫無畏懼、膽大包天。② 其説有理。

按:將此字釋爲"疊/疊",訓爲"懼",解决了此字在簡文中的訓釋問題。但對于此字字形爲何從"晶",却没有解釋。當然,這又涉及"疊/疊"字爲何從"晶"的問題。陳劍先生討論從"晶"從"宜"的"疊"字,談到金文"劙"字,以爲當分析爲從"晶"、"䏼"聲(實即"剮"聲);古文字中的"劙"字省略"刀"旁,即成爲

---

① 王寧:《清華簡〈攝命〉讀札》,復旦大學出土文獻與古文字研究中心網站,2018 年 11 月 27 日,http://www.gwz.fudan.edu.cn/Web/Show/4343。
② 醉馬:《清華簡〈攝命〉"疊"字試釋》,復旦大學出土文獻與古文字研究中心網站,2018 年 11 月 21 日,http://www.gwz.fudan.edu.cn/Web/Show/4331。

"曡"字；金文"曡"字（或加"女"旁）假借爲"姪"。① 對于諸字爲何從"晶"作爲意符，也没有作出解釋説明。

今據簡文中此字的寫法來看，我們懷疑，此字原本有可能是"室星"之"室"的專字。古文字中，存在從晶（曐——星之本字）、商聲之"商"字形（如《甲骨文合集補編》11299 反"![]"、秦公鎛之"![]"等），學者或認爲是"商"星的專字。② 似有其道理。戰國簡文中，"商"字仍多從"晶（曐——星之本字）"，如本輯《治邦之道》中的兩個"商"字：![]（簡 19）、![]（簡 22）。準此，此字形上從"晶（曐——星之本字）"，下從"室"，看作"室星"之"室"的專字應該也是有可能的。室宿爲二十八宿之一，又稱"營室"星，古書中多有記載。如《禮記·月令》："孟春之月，日在營室。"《爾雅·釋天》："營室謂之定。"《史記·天官書》："營室爲清廟。"上文已言及，《攝命》篇用辭古奥，很可能底本來源很早，故字形保留了早期的某些特徵，是可以理解的。據此，我們懷疑"曡"字上部從"晶（曐——星之本字）"，很可能也來源于"室星"之"室"的專字字形。亦即，早期古文字中的"劃（曡/曡）"字從"晶（曐——星之本字）"，大概是由于其造字本義原本就與"晶（曐——星之本字）"有關，最初就是爲"室星"之"室"而造的專字。既然金文"曡"字（或加"女"旁）可假借爲從"至"聲的"姪"，則從"曡/曡"聲之字與從"至"聲的"室"通假也就很自然了。爲"室星"之"室"所造的專字，按常理來講應寫作從"晶"、"室"聲的"曡"或省寫作簡文所見的"曑"形，而古文字形却寫作從"晶"、"剆"聲（實即"剐"聲）的"劃/劃"，此即所謂"造字時有通借"，也就是在造字之時形聲字的聲旁使用"通借"字。③

簡文中此字以及古文字中的"劃/曡/曡"諸字，若作爲"室星"之"室"的專字，其字形從"晶（曐——星之本字）"就很好解釋了。在本篇簡文中，參照"商"字從"晶"的寫法，此字可如原整理者那般直接釋爲"室"。其在簡文中如上引

---

① 陳劍：《甲骨金文舊釋"蠢"之字及相關諸字新釋》，見復旦大學出土文獻與古文字研究中心編：《出土文獻與古文字研究（第二輯）》，上海：復旦大學出版社，2008 年，第 13～47 頁。
② 季旭昇：《説文新證》，臺北：藝文印書館，2014 年，第 152 頁。
③ 楊樹達：《造字時有通借證》，《積微居小學述林全編》，上海：上海古籍出版社，2007 年，第 152～170 頁。

學者所説讀爲"疊/㬤",訓爲"懼",于文意似更加順暢。

附帶提及,"疊/㬤"有"懼"之訓,也應當是出于假借。《説文》"疊"字,段注云:"《毛詩》傳曰:'疊,懼也。'……《毛詩》之云,謂疊即慴之叚借字也。"《説文》:"慴,懼也。從心、習聲,讀若疊。"慴字又通作"慹"。諸字并音近可通。

四、勾(遏)迋

簡 14:亦則勾(遏)迋于朕

其中存原篆之字,原整理者釋爲"逆",以爲"遏逆于朕",略同于《君奭》"遏佚前人光在家"、清華簡《厚父》"王廼遏失其命"。(第 117 頁)

按:所謂"逆"字,與本篇簡文所見的"逆"字形(如簡 22"逆"、簡 23"逆"、簡 28"逆")以及本輯《邦家處位》簡 1 所見的"迋"字形(作"迋")相比較,明顯是"迋"字。原整理者釋之爲"逆",大概是將之看作"逆"字的訛寫。如《邦家處位》簡 1 所見的"迋"字,原整理者即疑爲"逆"字訛書。一説從辵毛聲,讀爲"覒",《説文》:"擇也。"或作"芼"。(第 129 頁)同時,還可能釋爲"迋"字,在此處簡文中不好解釋。我們認爲,此處"迋"字或當讀爲"藐"。"毛"聲字與"苗"聲字古音近可通,而"苗"聲字與"貌"聲字又音近可通①,故"迋"讀爲"藐"應該不存在障礙。《孟子·盡心下》:"説大人,則藐之。"藐,輕視。簡文"遏藐于朕",或即遏止、輕視于我之意。

五、惥(極)

簡 14—15:女(汝)廼敢整惥(極)

簡 17:亡(罔)非楚(胥)以淫〈淫〉惥(極)

簡 15 的"惥"字,原整理者讀爲"極""殛",訓爲"罰";整極謂至于殛罰。簡 17 的"惥"字,原整理者也讀爲"極"。(第 117 頁)

---

① 白於藍編著:《簡帛古書通假字大系》,福州:福建人民出版社,2017 年,第 190、191 頁。

有學者指出：簡 14＋15"汝廼敢【14】慭極"，所謂"慭"從東（但下部未寫全）、從攴、從正，疑是"繫"字的誤寫，讀爲"懈"。下面"極"字義尚須考慮，但可參簡 17"罔非胥以淫極"之"極"。①

按：將兩句簡文中的"慭"字統一看待的意見應該是有道理的。我們懷疑，兩句簡文中的"慭"字皆當讀爲"忌"，"亟"聲字與"忌"聲字古音近可通。② 忌，在兩處簡文中似當被看作語氣詞，無實義。如《詩·鄭風·大叔于田》："叔善射忌，又良御忌。抑磬控忌，抑縱送忌。""叔馬慢忌，叔發罕忌。抑釋掤忌，抑鬯弓忌。"《毛傳》："忌，辭也。"朱駿聲《説文通訓定聲·頤部》："忌，助語之辭。"字又作"其"。如《詩·小雅·庭燎》："夜如何其？"陸德明《經典釋文》："其，音基，辭也。""己"聲字與"其"聲字古音近可通。③

六、虞（作）

簡 32：隹（唯）九月既望壬申，王才（在）蒿（鎬）京，各于大室，即立（位），咸。士虔右白（伯）瞏（攝），立才（在）中廷，北鄉。王乎（呼）乍（作）册任册命白（伯）瞏（攝）虞。

此《攝命》篇末簡，研究者多已指出，這段簡文的性質相當于"書序"，是交代時間、寫作背景等的話。④ 此末簡在形式上與前面正文亦有所不同，原整理者已經指出："第三二簡容字較前三十一簡爲多，亦當留意。"關于末字"虞"，原整理者讀其爲"嗟茲"之"嗟"，看其作語詞，認爲此簡是以"王曰'虞'，收束全篇"。（第 120 頁）

李學勤先生將此段簡文與裘錫圭先生《關于殷墟卜辭中的所謂"廿祀"和"廿司"》一文中所討論的甲骨文"王曰祀"聯繫起來，認爲：

---

① 簡帛網—簡帛論壇—簡帛研讀—《清華簡八〈攝命〉初讀》，18 樓"ee"（單育辰網名）發帖，http://www.bsm.org.cn/forum/forum.php? mod=viewthread&tid=4352&page=2。
② 高亨纂著，董治安整理：《古字通假會典》，濟南：齊魯書社，1989 年，第 381 頁。
③ 高亨纂著，董治安整理：《古字通假會典》，第 378、379、380 頁。
④ 趙平安、王挺斌：《論清華簡的文獻學價值》，《東洋古典研究》第 74 輯，[韓]東洋古典學會，2019 年 3 月，第 9～28 頁。

"惟王曰祀""王曰×",就是把王的一件重要行事,用簡要的文句來概括,然後就把這件事作爲時間的標準,所以,我們可以看到簡文最後的"王乎作册任册命白(伯)燮(攝):'虞'"就相當于王曰虞,這裏没有説哪一年,"虞",可以讀爲"作",作事情之作,或者類似的什麽事,這裏不一定説死了。王曰虞是一種重要體例。這種"王曰×"的重要體例以前在西周没有見過,商末甲骨裏有。①

按:原整理者將末字"虞"讀爲"嗟",恐不妥。此段簡文既然性質上屬于記事文字,似不當有此"王曰'嗟'"的内容。而且,簡文中的"乎(呼)"是一個使令動詞,乃"叫、呼唤、招呼、召唤"之義。簡文若釋讀爲"王呼作册任册命伯攝'嗟'",將"嗟"看作周王"曰(簡文中没出現,可視爲省略)"的内容,則文意明顯是有歧義的。此"嗟"究竟是周王對其召唤的對象"作册任"而言呢,還是對其册命的對象"伯攝"而言呢?而無論是對哪個而言,在概述此篇簡文創作背景的記事文字中,驀然出現周王的一句感嘆,都顯得很突兀,與整段文字的文氣不能貫通。

因此,我們認爲末字"虞"當從李學勤先生的意見讀爲"作",但此"作"字并非"作事情之作",而是《論語·述而》"述而不作"之"作",即"創作、製作"之義。也即,"作"并非"王曰"的内容,而是指此篇簡册(簡文)是爲了何事(册命伯攝)而製作(創作)的;"作"就是"製作"之義,若是相對于簡文内容而言,則是"創作、寫作、撰寫"之義。末句也不當句讀成"王乎作册任册命伯攝:'作'",理解爲"相當于王曰作",而應當句讀成"王乎作册任册命伯攝作",理解爲:王叫作册任册命伯攝,(作册任)因此創作(撰寫)了這篇册命文辭(或者説,製作了這編簡册)。

其中,右者"士蚩"之"士",當以讀爲"史"爲妥,其人爲史官。若就字爲訓,"士"作爲一種身份似乎也能講得通,但與西周金文中册命場合常見"史"官作爲右者的現象不合,故當以讀爲"史",理解爲"史官"爲長。

綜上,末簡當理解成類似于"書序"性質的文字,是本篇簡文的"附件",用

---

① 李學勤:《談清華簡〈攝命〉篇體例》,《清華大學學報》(哲學社會科學版)2018 年第 5 期,第 48~49 頁。

于交代本篇册命之辭發生的時間、地點、人物等背景。根據對西周青銅器銘文的研究，學者一般認爲，西周册命之辭應該是事先撰寫好的，猶如今天很多領導在正式場合講話，講話稿大都是由秘書等人員事先寫好的那樣。設若以上理解不誤，則簡文末句"王乎作册任册命伯攝作"的"作"字，當是同時交代了本篇册命之辭的創作（撰寫）者是"作册任"。上文我們推測《攝命》篇的文本很可能來源于西周王室的史官之手，據此可以推測創作（撰寫）者可能就是"作册任"。創作（撰寫）册命文辭者具名，這在先秦文獻中實屬罕見。同時亦可推知，《尚書》中多次出現的"作册×"，其中的"作册"作爲職官，其職掌除了實際上的製作簡册之外，或許還應該包括在製作好的簡册上創作（撰寫）各種文辭（如册命文辭、祭祀禱告文辭、盟誓文辭等）之類的工作。

（侯乃峰：山東大學文學院，250100，濟南）

說《治政之道》的"兼尃"*

薛 培 武

〔摘　要〕《清華大學藏戰國竹簡·治政之道》簡14有"兼尃諸侯"一語，其中的"尃"字不宜讀爲"撫"，這種用法的"尃"實上承西周、春秋金文中的"匍"和"尃"，它的本字是"溥"，訓爲"廣、大"，引申爲對某一對象的囊括，繼而常與"有"構詞，組成動詞并列之結構。"兼尃"爲偏正結構的動詞，後可加名詞作賓語。

〔關鍵詞〕　兼尃　匍有　溥有

收入《清華大學藏戰國竹簡（玖）》的《治政之道》是一篇典型的儒家文獻，其中簡14有如下一句話：

夫以兼尃諸侯，以爲天下儀式。①

本句文字較簡單，意思較明確，沒有扞格不通的地方。其中，對于"兼尃"一詞的訓釋，則是本文要討論的重點。

整理者將"尃"讀爲"撫"，引《說文》訓爲"安"②，未見其他學者提出不同的意見。這種用法的"尃"實際上已較早地見于西周金文，舉例如下：

竈（肇）尃蠻夷　秦公大墓石磬（《史語所集刊六十七第二分》）
竈（肇）尃東方　秦伯喪戈（《珍秦齋藏金（秦銅器篇）》162頁）

兩例中的"肇"常用在動詞前面，無實義。作爲動詞的"尃"，後所加賓語多爲"諸侯""蠻夷"這類對象，《治政之道》中的"尃"的用法顯然與其一脉相承。

---

* 本文的寫作得到國家社科基金重大項目"中華簡帛文學文獻集成及綜合研究"（15ZDB065）的資助。

① 清華大學出土文獻研究與保護中心編，李學勤主編：《清華大學藏戰國竹簡（玖）》，上海：中西書局，2019年，第127頁。

② 《清華大學藏戰國竹簡（玖）》，第136頁。

這種用法的"專"是否如整理者所言讀爲"撫",訓爲"安",還是與別的什麽詞有關係,需要進一步厘清和明確。

秦公鎛(《集成》270):"竈(肇)又(有)下國。"秦公簋(《集成》4315):"竈(肇)囿(有)四方。"兩者與"肇專蠻夷"和"肇專東方"相對照,可知鎛銘、簋銘中的"有"與磬銘、戈銘中的"專"用法類似。《廣雅·釋詁》卷一載"撫,有也"這一條訓釋,王念孫《疏證》較爲充分地論證了這一訓釋:

> 撫者,《爾雅》:"憮、敉,撫也。"又云"矜憐,撫掩之也"。撫爲相親有,故或謂之撫有。昭元年《左傳》:"君辱貺寡大夫圍,謂圍將使豐氏撫有而室。"二年《傳》:"若惠顧敝邑,撫有晉國,賜之内主。"皆是也。"撫"又爲奄有之"有"。成十一年《左傳》:"使諸侯撫封。"杜注云:"各撫有其封内之地。"《文王世子》:"西方有九國焉,君王其終撫諸。"鄭注云:"撫猶有也。"①

如此看來,依整理者"專"讀"撫"的看法,把"撫"進一步訓爲"有",則似乎是可以考慮的一個方向。但是,結合下面有關學者對"匍有"的討論,可知整理者讀"專"爲"撫"的看法是存在問題的。

金文中常見"匍有"的說法,列舉如下:

1. 癲鐘:"匍有四方,匃受萬邦。"　　　　　　　(《集成》251)
2. 秦公鎛:"膺受大命,眉壽無疆,匍有四方。"　　(《集成》267)
3. 秦公鎛:"高引有慶,匍有四方。"　　　　　　(《集成》270)
4. 大盂鼎:"在武王嗣文作邦,闢厥匿,匍有四方。"(《集成》2837)
5. 師克盨:"膺受大命,匍有四方。"　　　　　　(《集成》4467)
6. 史墻盤:"匍有四方,匃受萬邦。"　　　　　　(《集成》10175)
7. 四十三年逨鼎:"丕顯文、武膺受大命,匍有四方。"(《銘圖》2504)
8. 逨盤:"膺受天魯命,匍有四方。"　　　　　　(《新收》757)

研究金文的學者多認爲"匍"借爲"撫",并將《尚書·金縢》"敷佑四方"之"敷佑"也讀爲"撫有"。② 亦有學者提出不同的意見,如唐蘭先生認爲:

---

① 王念孫:《廣雅疏證》,上海:上海古籍出版社,2017年,第20頁。
② 吳式芬:《攈古録金文》,《中華漢語工具書書庫》第98册,合肥:安徽教育出版社,2002年,第407頁。孫詒讓:《古籀餘論》,北京:中華書局,1989年,第43頁。王國維:《王國維遺書》第四册,上海:上海書店出版社,1983年,第154頁。王國維:《古史新證——王國維最後的講義》,北京:清華大學出版社,1994年,第271頁。楊樹達:《積微居金文説》(增訂本),北京:中華書局,1997年,第44頁。

"匍有四方"與《書·金縢》"敷佑四方"句同。匍與敷同音,此處當讀如《詩·北山》"溥天之下"的溥,古書多作普。此句祇是説普遍地保有了四方,與《詩·皇矣》《執競》等的"奄有四方"同義。①

徐中舒先生的意見與之類似,認爲"匍有四方"之"匍"同"溥",訓"大"。② 尉侯凱先生同意唐、徐兩位先生的意見。③ 針對讀"撫"的看法,張富海先生指出金文中這類用法的"匍"讀爲"撫"有很大的缺陷:

"匍"讀爲"撫"有一個重大的缺陷,就是語音上的問題。撫,從手無聲;《説文》古文作㺯,從辵亡聲;《三體石經》"撫"的古文作"敊",從攴亡聲;包山 162 號簡"撫"字作從攴無聲之形。從諧聲來看,"撫"的上古聲母一定是雙唇鼻音,鄭張尚芳擬爲雙唇送氣清鼻音 mh—,mh—後來變爲雙唇送氣清塞音 ph—。鄭張先生的擬音能十分合理地解釋"撫"字的諧聲和後來的音變。而"匍"的上古聲母是雙唇濁塞音 b—,其聲旁"甫"的上古聲母是雙唇不送氣清塞音 p—。一般來説,雙唇塞音和雙唇鼻音之間是不能隨便諧聲假借的。事實上,古書中也看不到"無"聲字跟"甫"聲字相通或者"無"聲字跟其他雙唇塞音字相通或者"甫"聲字跟其他雙唇鼻音字相通的例子,想當然地把從"甫"聲的"匍"讀爲從"無"聲的"撫"是不夠嚴謹的做法,至少是把問題簡單化了。④

可見,不管是金文中的"尃""匍",還是文獻中的"敷",讀爲"撫"在語音上都存在重大缺陷。同理,本文所討論的《治政之道》中的"兼尃諸侯"中的"兼尃",整理者讀爲"兼撫",亦會存在同樣的缺陷。

反對將"匍"讀爲"撫"的張富海先生又另闢蹊徑,從音義兩方面展開論證,認爲"匍"當讀爲"方"。

在筆者看來,將"匍"讀爲"方"亦存在明顯的缺陷。張先生在其文中反對讀"溥"的理由如下:

---

① 唐蘭:《西周青銅器銘文分代史徵》,北京:中華書局,1986 年,第 172~173 頁。
② 徐中舒:《西周墻盤銘文箋釋》,《考古學報》1978 年第 2 期,第 139 頁。
③ 尉侯凱:《説"奄有"》,武大簡帛網,2017 年 2 月 18 日,http://www.bsm.org.cn/show_article.php?id=2733。
④ 張富海:《金文"匍有"補説》,《中國文字研究》2007 年第 2 輯(總第 9 輯),鄭州:大象出版社,2007 年 12 月,第 117~119 頁。下引張文皆出自該文,不另出注。

第一，古書中屢見"撫有""奄有"，而并没有"溥有"的説法。"溥有"于文理可通，却于文例無徵。

第二，上舉大盂鼎銘文中的"畯正"、史墻盤銘文中的"會受"和逑盤銘文中的"膺受"都是并列結構，句式上對應的"匍有"也應該是并列結構，方才對稱，而"溥有"却是偏正結構。

第三，西周金文中對應古書中的"敷"和"溥"的字作"尃"。如毛公鼎銘文（《集成》5.2841）"尃命于外"，"尃"讀"敷"，義爲"布"；番生簋蓋銘文（《集成》8.4326）"尃求不朁德"，"尃求"即《尚書·康誥》"往敷求于殷先哲王"之"敷求"，"敷求"亦即"溥求"。而"匍有"之"匍"不寫作"尃"，説明當時是有意爲了與"尃"的用法相區分而用"匍"。如果"匍有"之"匍"的用法跟"尃"字是一樣的，那麽很難解釋西周金文中"匍有"無一例作"尃有"。

謹按，第一條理由説"溥有""于文例無徵"，如此之理由并非必要，值得討論的是第二、三條理由。

第二條理由將"匍有"和"溥有"從結構上區分爲兩個不同的詞組，證據并不充分。學者普遍認同，亦如上引第三條理由中所説，"金文中的'尃'對應古書中的'敷'和'溥'"。從前文所舉"竈（肇）尃蠻夷""竈（肇）尃東方""竈（肇）又（有）下國""竈（肇）匍（有）四方"等例可以看出，金文中的"有"和"尃"皆可用爲動詞，後面可加同一類詞作賓語，理論上具備構成"尃有"這種動詞連用的并列結構的充分條件。也就是説，"溥有"完全可能是并列結構，而與西周金文中的"匍有"結構一致。張先生一定要將"溥有"視爲偏正結構，其實是囿于"溥有"之"溥"的詞性、詞義。另外，僅根據西周金文中"畯正""會受""膺受"這樣的并列結構，就一定要把西周金文中的"匍有"看作并列結構，以期與"溥有"分開，則有先入爲主之嫌。

第三條理由中提到金文中的"尃"讀爲"敷"，"尃求"即文獻中的"敷求"，皆可信從。然認爲"匍"與"尃"是爲區别不同的詞義而分别使用則無確證，此條理由其實是循着第二條理由延伸而來。"敷求"之"敷"金文中用"尃"表示，并不構成"匍有"之"匍"一定不能用爲"尃"的證據。得出這樣的結論有一個前提，即必須在同一個詞義層面討論，也就是默認"敷求"之"敷"與"溥有"之"溥"記録的是同一個義位，然而事實并非如此。筆者認爲，"溥有"之"溥"這個詞已是被訓爲"遍、布"義之"溥"的引申義,而用"匍"字表示這個引申義,則是完全可能的,這與金文中用"専"表示"遍、布"之義完全可以説是并行不悖的。退一步講,即使認爲"溥有"之"溥"與訓爲"遍、布"的"専、敷"記録的仍然是同一個詞,也仍然無法否定"匍有"之"匍"也記録這個詞義的可能性,同一個詞可以用不同的字表示是古文字學者普遍接受的常識。

以上,筆者對相關學者反對"溥"字説的理由作了簡單的駁斥。筆者認同前所引部分學者把金文中的"匍""専"和文獻中的"敷"結合起來,并讀爲"溥"的意見。下面説一下,筆者爲何反對將"匍有"之"匍"讀爲"方":

第一,"方"訓爲"有",確切的文獻依據僅見于《毛傳》對《詩·召南·鵲巢》"維鵲有巢,維鳩方之"中"方"的釋義,《廣雅·釋詁一》所載"方,有也"顯然是依毛説立例,這樣的孤例與金文中大量存在的"匍有"詞例形成了鮮明的反差。更重要的是,"方有"作爲并列結構的用法,傳世和出土文獻未見一例。

第二,"方"與"奄""溥"一樣,這類的字具有類似的詞義引申序列,"有"也祇是其引申義。"方"與"匍"很可能是同義詞或近義詞的關係,無法證明二者爲同一個詞。

第三,上引張富海先生在解釋前引春秋秦文字爲何會用"専"來表示"匍"時,認爲春秋時秦文字中義爲"有"的"匍"已經可以寫成"専",而跟"専"的其他用法相混了。《治政之道》是一篇典型的儒家文獻,其用字特色與齊魯文字關係密切,裏面也出現了同樣的"専"字的用法。可見,這類跟"専"其他用法相混的現象似乎是大量存在的。如此一來,客觀上就會導致用字的混亂,使得字詞用法并無區分,這是不好解釋的。其實,如果把《治政之道》這種"専"的用法看作與春秋秦金文中的"専"的用法一脉相承,就不會出現所謂混亂局面。這種春秋時代的"専"的用例正好上承西周金文中的"匍有"之"匍",中間并無缺環。

接下來,我們來討論"専、匍、敷"詞義的問題,爲了便于指稱,下文我們統一用"専"字來代表這個詞。與"専"類似的詞有"方""奄""荒(撫)""保""臨"等,這些詞我們可以分爲三類:"方""奄"爲一類,"荒(撫)""保"爲一類,"臨"爲一類。"専"可歸于第一類。

"方"訓爲"大",《廣雅·釋詁一》:"方,大也。"《國語·晉語》:"今晉國之方,遍諸侯也。"韋昭注:"方,大也。"方訓爲"有",《詩·召南·鵲巢》:"維鵲有巢,維鳩方之。"《毛傳》:"方,有也。"

"奄"訓爲"大",《廣雅·釋詁一》:"奄,大也。"錢大昭《廣雅疏義》卷一:"奄者,《説文》:'奄,大有餘也。'《大雅·皇矣》:'奄有四方。'傳:'奄,大也。'通作'俺'。《説文》:'俺,大也。'"①"奄"與"有"構詞之例甚多,如《詩經·商頌·玄鳥》:"方命厥后,奄有九有。"《詩經·魯頌·閟宮》:"奄有龜蒙,遂荒大東。""奄有下土,纘禹之緒。"《詩經·大雅·皇矣》:"載錫之光,受禄無喪,奄有四方。"按,《閟宮》下文有"保有鳧繹,遂荒徐宅"一語,與"奄有龜蒙,遂荒大東"相較,可知"奄有"與"保有"對應,進一步可以確定"奄有"爲複詞結構②,并非偏正結構。

"方"既可訓爲"大",又可訓爲"有"。"奄"既可訓爲"大",亦可與"有"組成動詞連用結構。"大"義與"有"義實相因,大則無所不覆蓋,無所不有。③ 對于"奄"來説,則先有"覆蓋"義,後來才引申出"大"義。

據學者研究,訓爲"大"的"荒"和訓爲"大""有"的"撫"是一對同源詞,其本字皆爲"撫"。"撫"訓爲"大",已見于《廣雅》"荒,大也"條。"撫"可單獨成詞,如《左傳》成公十一年:"使諸侯撫封。"杜預注:"各撫有其封内之地。"《禮記·文王世子》:"西方有九國焉,君王其終撫諸。"鄭玄注:"撫猶有也。""撫"亦常與"有"構詞,《左傳》襄公十三年:"君命以共,若之何毁之。赫赫楚國,而君臨之,撫有蠻夷,奄征南海,以屬諸夏,而知其過,可不謂共乎?請謚之共。大夫從之。"《左傳》昭公三年:"撫有晉國。"由上可知,"撫有"祇能理解爲複詞結構。

"保"常與"有"構詞,《詩經·魯頌·閟宮》:"保有鳧繹,遂荒徐宅。"《詩經·周頌·桓》:"桓桓武王,保有厥土。"例不備舉。

"撫"與"保",二者皆可與"有"構成複詞結構,其義顯當接近于"有"。張富海先生對"撫"的意義有過一定的發揮,其云:

"撫"的本義即今所謂"摸",由本義引申出安慰、存恤之義,《説文》把

---

① 錢大昭:《廣雅疏義》,北京:中華書局,2016年,第9頁。
② 參前引尉侯凱文。
③ 王念孫語,引自《廣雅疏證·釋詁》"奄,有也"條。

"安"作爲本義是錯誤的,《廣雅·釋詁三》:"撫,持也。"是"撫"由本義又引申出握持、把持義。"撫有"之"撫"訓"有",應該是"握持、把持"義的進一步引申。撫有是同義并列的複音詞,整個意思跟我們現在説的"擁有"差不太多。

筆者以爲此説可從。與"撫"類似,"保"可與"有"構詞,也是基于其本義的引申。"保"字本義乃"負子于背",即有"負持"之義,可進步一引申爲"有"。

"臨"與"有"構詞雖不常見,但文獻亦有其例,《曾侯與編鐘》:"君庇淮夷,臨有江夏。""臨有"與"撫有""保有"一樣,亦爲同義并列的複詞結構,但是其"有"義的來源與"撫""保"略有區别。據謝明文先生的研究,可以確定"臨"字最早見于殷商甲骨文,其本義即"臨川俯視"。[①] 俯視則有一定的區域盡收眼底,進一步引申爲囊括這一區域,是故有"有"義。"撫"由握持某一對象,"保"由負持某一對象,皆可引申出對某一對象的"存恤"之義。在這點上,"臨"與它們類似,"臨"則涵蓋目力所及之區域、對此區域的囊括,繼而則引申出"存恤、恩寵"之義。

以上我們討論了"方""奄""荒(撫)""保""臨"這一類詞,這些詞都存在與"有"相關的詞義,皆是由"覆蓋一定區域/持有某一對象"而來。由"覆蓋一定的區域/持有某一對象",則引申出"囊括某一對象"之義,此即"有"義。"保""臨"這兩個詞進一步引申,則有"安撫/存恤某一對象"之義。

我們認爲"尃"記錄的這個詞義,與"方、奄"是極其類似的,其本字祇能是"溥"。"溥"可訓爲"遍",亦可訓爲"大",後者由前者引申而來。文獻常用"敷"表示前者或其引申義,張富海先生已經提道:

> 毛公鼎銘文(《集成》5.2841)"尃命于外","尃"讀"敷",義爲"布";番生簋蓋銘文(《集成》8.4326)"尃求不朁德","尃求"即《尚書·康誥》"往敷求于殷先哲王"之"敷求","敷求"即"溥求"。

很明顯,對于"敷"來講,"布"這種動詞義顯然來源于"溥"的"遍"義。同理,不管是春秋秦銘文中單獨使用的、後可直接加賓語的"尃",還是西周金文中"匍

---

① 謝明文:《説臨》,《出土文獻與古文字研究(第六輯)》,上海:上海古籍出版社,2015年,第97~104頁。

有"之"匍",兩者皆具有類似于"有"的動詞用法,很明顯也是來源于本訓"遍"義的"溥"。

回到《治政之道》簡 14 的"兼尃諸侯"上來,"兼尃"之"尃"與上面所討論的動詞義的"尃"的用法顯然是一致的,"兼尃"爲偏正結構。陳劍先生曾討論過"兼"的詞義,其説有重要的參考價值,我們轉引如下:

> 古書中"兼"常用爲範圍副詞,其基本意義都是表"總括"。研究古漢語的學者將其用法概括爲兩類:
>
> 一、用在動詞謂語前,表示行爲所及具有整體性。可譯爲"全(都)""全部(面)"等。
>
> 二、用在動詞謂語前,表示謂語所指跟兩個或多個對象相關。可譯爲"一并(起)""同時"等。
>
> 體會其所舉例句,這兩類用法的區別是,第一類其動詞所涉及的對象多爲具有整體性的集合名詞,如古書中多見的"兼覆天下""兼善天下""兼愛天下""兼照一國"等等。第二類其動詞所涉及的對象多爲不具有整體性的複數名詞,如《吕氏春秋·仲冬》《禮記·月令》云"兼用六物"("六物"指上文的秫稻、麴蘖、湛饎、水泉、陶器、火齊六者),《儀禮·鄉射禮》《大射》云"兼取乘矢"等等。出土文字資料中之例如《詛楚文》"而兼倍十八世之盟"。①

本句中"兼尃諸侯"的"兼"是第一類用法。《淮南子·覽冥訓》:"天不兼覆,地不周載。""兼覆"與"兼溥"尤爲相同。與"兼溥"類似的詞彙,在金文中尚有"率懷""方懷"等,《毛公鼎》(《集成》2841):"率懷不庭方。"逑盤(《銘圖》14543):"方懷不庭。"據學者研究,"率""方"皆爲範圍副詞,可被解釋爲"悉、都、遍"。② 此論可參考。

(薛培武:山東大學文學院,250100,濟南)

---

① 陳劍:《甲骨文舊釋"眢"和"蠿"的兩個字及金文"𩁹"字新釋》,《甲骨文金文論集》,北京:綫裝書局,2007 年,第 226~227 頁。

② 謝明文:《〈〈大雅〉〈頌〉之毛傳鄭箋與金文》,首都師範大學碩士學位論文,2008 年 5 月,第 25 頁。

清華簡八《治邦之道》補釋一則

張　飛

〔摘　要〕　本文根據古音通假知識和傳世文獻材料,認爲清華簡八《治邦之道》簡14中的"勓"應讀爲"祇","進退不祇"意爲進退不敬。
〔關鍵詞〕　清華簡八　《治邦之道》　進退不祇

關于清華簡八《治邦之道》(下文簡稱"《治邦》")第14號簡,整理者注:

　　本簡從簡背劃痕來看,應接在第十三簡之後,但内容無法銜接,且與其他各簡内容上似亦不相連貫。該簡的最下端有一個墨點,其他各簡則未見,這一現象值得注意,該墨點很可能是有意做的一個記號。我們懷疑該簡不屬于本篇,但因某種原因被編入簡文中,故抄寫者或讀簡者標上記號,以示區别。我們視此簡爲衍簡。①

網友子居認爲《治邦》第14號簡應置于第1號簡之前。② 清華簡九公布後,其中有一篇《治政之道》(下文簡稱"《治政》"),整理者認爲《治邦》與《治政》是同一篇文獻,并將《治邦》第14號簡放在《治政》第43號簡之後和《治邦》第1號簡之前。③ 賈連翔先生在《從〈治邦之道〉〈治政之道〉看戰國竹書"同篇异制"現象》一文中也提出了相同的編聯順序,不同的是他將"第43號簡"稱爲"第42號

---

* 本文是國家社科基金重點項目"殷虚甲骨文與戰國文字結構性質的比較研究"(16AYY011)和教育部、國家語委項目"戰國文字譜系疏證"(YWZ-J013)的階段性成果。
① 清華大學出土文獻研究與保護中心編,李學勤主編:《清華大學藏戰國竹簡(捌)》,上海:中西書局,2018年,第143頁。
② 子居:《清華簡八〈治邦之道〉解析》,360doc 個人圖書館網站,2019年5月11日,http://www.360doc.com/content/19/0511/01/34614342_834910618.shtml.
③ 清華大學出土文獻研究與保護中心編,黄德寬主編:《清華大學藏戰國竹簡(玖)》,上海:中西書局,2019年,第125、130頁。

簡",用的是原簡中的序號。① 現根據賈文和筆者自己的理解將本文需討論的簡文内容摘録如下:

> 其民偷敚以郓怨,閈固以不**𢛳**于上,命是以不行,進退不勸,致力不勉。(《治邦之道》簡 14—1)②

下文嘗試加以疏解。

郓,原字形作**郓**,清華簡八《治邦》整理者認爲是"解"的誤字。③ 網友哇那認爲該字從隼聲,可讀爲"觸","觸怨"意爲抵觸、非怨。④ 清華簡九《治政》整理者則直接釋爲"解"。⑤ 賈連翔先生也釋爲"解",讀爲"懈",意爲懈怠,并認爲"怨"意爲哀怨。⑥ 劉信芳先生從整理者釋"解"的觀點,但認爲:"'解'讀爲'恚',恚、怨并聯成辭,《後漢書·郭皇后紀》:'郭后以衰離見貶,恚怨成尤。'又《五行志三》:'陰后亦懷恚怨。'"⑦按:哇那對字形的分析有一定道理,但此處若訓爲"抵觸",其古義爲冒犯、衝撞,于文意不合。若依賈先生訓爲"懈怠",前文"偷"意爲怠惰,語義稍顯重複。今從劉信芳先生之説。"閈固",網友鬱邕齋讀爲"申固"。⑧ 哇那讀爲"托故"。⑨ 王寧先生認爲"閈"是"宅"字繁構。⑩ 網友汗天山將

---

① 賈連翔:《從〈治邦之道〉〈治政之道〉看戰國竹書"同篇异制"現象》,《清華大學學報》(哲學社會科學版)2020 年第 1 期,第 44～45 頁。
② 賈連翔:《從〈治邦之道〉〈治政之道〉看戰國竹書"同篇异制"現象》,第 45 頁。本段及下引簡文釋文,若無特殊需要,皆采用寬式。
③ 清華大學出土文獻研究與保護中心編,李學勤主編:《清華大學藏戰國竹簡(捌)》,第 137 頁。
④ 哇那:簡帛網簡帛研讀《清華簡八〈治邦之道〉初讀》,http://www.bsm.org.cn/forum/forum.php?mod=redirect&goto=findpost&ptid=4357&pid=16467。
⑤ 清華大學出土文獻研究與保護中心編,黃德寬主編:《清華大學藏戰國竹簡(玖)》,第 130、150 頁。
⑥ 賈連翔:《從〈治邦之道〉〈治政之道〉看戰國竹書"同篇异制"現象》,第 45 頁下注。
⑦ 劉信芳:《清華(八)〈治邦之道〉試説》,簡帛網,2020 年 1 月 23 日,http://www.bsm.org.cn/show_article.php?id=3507。
⑧ 鬱邕齋:《讀清華簡〈治邦之道〉札記三則》,復旦大學出土文獻與古文字研究中心網,2018 年 11 月 23 日,http://www.gwz.fudan.edu.cn/Web/Show/4338。
⑨ 哇那:簡帛網簡帛研讀《清華簡八〈治邦之道〉初讀》,http://www.bsm.org.cn/forum/forum.php?mod=redirect&goto=findpost&ptid=4357&pid=16467。
⑩ 王寧:杜安《清華簡(八)〈治邦之道〉"興"字試釋》文下跟帖,http://www.gwz.fudan.edu.cn/Web/Show/4335。

"閍"讀爲"託",認爲"託固"意爲藉口自己鄙固。① 子居認爲該字是"閟"字,意爲閉藏。② 賈連翔先生認爲:"閍,從門,氐聲,讀爲'託'。固,讀爲'痼',固疾也。"③ 劉信芳先生讀爲"託故",意爲找藉口。④ 按:從哇那與劉信芳先生的觀點。🗎,網友羅小虎認爲該字左半從"學",讀爲"效",意爲效力、盡力。⑤ 網友杜安認爲該字是"興",讀爲"娛"。⑥ 網友潘燈認爲該字右部所從爲"風",與清華簡一《耆夜》簡7🗎爲一字異體,🗎是"漂浮"之"浮"的本字,讀爲"服"。⑦ 汪天山從潘燈釋"𩙐",但讀爲"浮",訓爲"罰"。⑧ 子居從羅小虎説。⑨ 潘燈後又聯繫安大簡一《詩》簡11🗎字,認爲該字應釋爲"蠅",讀爲"繩"。⑩ 賈連翔先生認爲該字"右從風,左從肉、子,肉當爲爪之訛,原當從孚、風,該字曾見于清華簡《耆夜》簡7,可讀爲'孚',訓爲信從"。⑪ 按:此字形體不清晰,暫存疑。聯繫上下文,"不🗎于上"應是貶義。

---

① 汪天山:簡帛網簡帛研讀《清華簡八〈治邦之道〉初讀》,http://www.bsm.org.cn/forum/forum.php?mod=redirect&goto=findpost&ptid=4357&pid=27877。
② 子居:《清華簡八〈治邦之道〉解析》,http://www.360doc.com/content/19/0511/01/34614342_834910618.shtml。
③ 賈連翔:《從〈治邦之道〉〈治政之道〉看戰國竹書"同篇異制"現象》,第45頁下注。
④ 劉信芳:《清華(八)〈治邦之道〉試説》,http://www.bsm.org.cn/show_article.php?id=3507。
⑤ 羅小虎:簡帛網簡帛研讀《清華簡八〈治邦之道〉初讀》,http://www.bsm.org.cn/forum/forum.php?mod=redirect&goto=findpost&ptid=4357&pid=16387。
⑥ 杜安:《清華簡(八)〈治邦之道〉"興"字試釋》,復旦大學出土文獻與古文字研究中心網,2018年11月22日,http://www.gwz.fudan.edu.cn/Web/Show/4335。
⑦ 潘燈:簡帛網簡帛研讀《清華簡八〈治邦之道〉初讀》,http://www.bsm.org.cn/forum/forum.php?mod=redirect&goto=findpost&ptid=4357&pid=16703。
⑧ 汪天山:簡帛網簡帛研讀《清華簡八〈治邦之道〉初讀》,http://www.bsm.org.cn/forum/forum.php?mod=redirect&goto=findpost&ptid=4357&pid=27877。
⑨ 子居:《清華簡八〈治邦之道〉解析》,http://www.360doc.com/content/19/0511/01/34614342_834910618.shtml。
⑩ 潘燈:簡帛網簡帛研讀《清華簡八〈治邦之道〉初讀》,http://www.bsm.org.cn/forum/forum.php?mod=redirect&goto=findpost&ptid=4357&pid=28579。
⑪ 賈連翔:《從〈治邦之道〉〈治政之道〉看戰國竹書"同篇異制"現象》,第45頁下注。

旨，程浩先生讀爲"詣"。① 哇那讀爲"耆"，訓爲"强"。② 羅小虎讀爲"竭"，意爲竭盡；或讀爲"耆"，意爲致。③ 汪天山疑該字是"敢"字的訛寫。④ 清華簡九《治政》整理者讀爲"耆"。⑤ 賈連翔先生讀爲"耆"，訓爲"强"。⑥ 劉信芳先生讀爲"稽"，意爲考。⑦

按："進退不詣"，不明其意，難以解釋。關于"旨"字能否讀爲"竭"，文獻中沒有例證；而"進退不致"也不好解釋。該字形體與"敢"字差异較大，無須將二者聯繫起來。耆之"强"義是强橫的意思。前文云"命是以不行"，即君主的命令不被執行，下文"進退不旨""致力不勉"的主語都是"民"，兩句的感情色彩應與前文保持一致，若解釋爲"（民）進退不强橫"，則前後所述的情感傾向不一致。另外，"進退不旨""致力不勉"中的"旨"與"勉"的詞性應一致，"勉"意爲盡力，而"稽"意爲考核，一個是形容詞，一個是動詞，二者詞性并不一致；而且"進退不考"的意思也不易理解。筆者認爲"旨"可讀爲"祇"，意爲恭敬。"進退不祇"意爲進退不敬。

旨從"旨"聲，古音應屬章紐脂部；祇，古音屬章紐脂部。二者聲紐、韵部相同，當可通假。從"旨"聲之字可與從"氐"聲之字相通，如"指""厎"古通，《尚書·微子》"今爾無指告"，王引之《經義述聞》："指字或作厎。《襄九年·左傳》曰'無所厎告'是也。""耆""厎"古通，段玉裁注《說文》"厎"字云："引申之義爲致也，至也，平也。有假借耆字爲之者。如《周頌》'耆定爾功'，傳曰'耆，致也'是也。""渚""坻"古通。《說文》："渚，坻或從水從耆。"⑧ 此外，楚簡中也有從

---

① 程浩：《清華簡第八輯整理報告拾遺》，《紀念清華簡入藏暨清華大學出土文獻研究與保護中心成立十周年國際學術研討會論文集》，北京：清華大學出版社，2018年，第90頁。
② 哇那：簡帛網簡帛研讀《清華簡八〈治邦之道〉初讀》，http://www.bsm.org.cn/forum/forum.php?mod=redirect&goto=findpost&ptid=4357&pid=16376。
③ 羅小虎：簡帛網簡帛研讀《清華簡八〈治邦之道〉初讀》，http://www.bsm.org.cn/forum/forum.php?mod=redirect&goto=findpost&ptid=4357&pid=16459。
④ 汪天山：簡帛網簡帛研讀《清華簡八〈治邦之道〉初讀》，http://www.bsm.org.cn/forum/forum.php?mod=redirect&goto=findpost&ptid=4357&pid=27878。
⑤ 清華大學出土文獻研究與保護中心編，黃德寬主編：《清華大學藏戰國竹簡（玖）》，第130、150頁。
⑥ 賈連翔：《從〈治邦之道〉〈治政之道〉看戰國竹書"同篇異制"現象》，第45頁下注。
⑦ 劉信芳：《清華（八）〈治邦之道〉試說》，http://www.bsm.org.cn/show_article.php?id=3507。
⑧ 張儒、劉毓慶：《漢字通用聲素研究》，太原：山西古籍出版社，2002年，第782～783頁。

"旨"聲之字用爲"祇"的例證,如清華簡三《說命下》簡 3－4"說,罙亦皆乃服,勿易俾越"①,皆,白於藍、段凱二位先生讀爲"祇"②,可信。

祇意爲恭敬。《爾雅·釋詁下》:"祇,敬也。"③《說文》示部:"祇,敬也。"④《楚辭·離騷》"湯禹儼而祇敬兮,周論道而莫差",王逸注:"祇,敬也……言殷湯、夏禹、周之文王,受命之君,皆畏天敬賢,論議道德。"⑤"不祇"意爲不恭敬,典籍中也可以看到"不祇"的表述:

《尚書·說命上》:后克聖,臣不命其承,疇敢不祇若王之休命?⑥

《左傳》僖公三十三年:《康誥》曰:父不慈,子不祇,兄不友,弟不共,不相及也。⑦

古書中雖然不見"進退不祇",但可以看到"進退不肅"的表述:

《韓非子·說疑》:趙之先君敬侯,不修德行,而好縱慾,適身體之所安,耳目之所樂,冬日罼弋,夏浮淫,爲長夜,數日不廢御觴,不能飲者以筒灌其口,進退不肅、應對不恭者斬于前。⑧

"進退不肅"與"應對不恭"搭配,"肅"與"恭"對舉。肅也有恭敬的意思。《說文》聿部:"肅,持事振敬也。"⑨《尚書·洪範》"恭作肅",孔穎達疏:"貌能恭,則心肅敬也。"⑩《左傳》僖公二十三年"其從者肅而寬,忠而能力",杜預注:"肅,敬也。"⑪"祇""肅"也常連言:

---

① 清華大學出土文獻研究與保護中心編,李學勤主編:《清華大學藏戰國竹簡(叁)》,上海:中西書局,2012 年,第 128 頁。

② 白於藍、段凱:《清華簡〈說命〉三篇校釋》,《中國文字研究(第二十三輯)》,上海:上海書店出版社,2016 年,第 75 頁。白於藍:《簡帛古書通假字大系》,福州:福建人民出版社,2017 年,第 518～519 頁。

③ (晋)郭璞注,(宋)邢昺疏:《爾雅注疏》,上海:上海古籍出版社,2010 年,第 53 頁。

④ (漢)許慎:《說文解字》,北京:中華書局,1963 年,第 7 頁。

⑤ (漢)王逸章句,(宋)洪興祖補注,(宋)朱熹集注:《楚辭章句補注·楚辭集注》,長沙:岳麓書社,2013 年,第 23 頁。

⑥ (漢)孔安國傳,(唐)孔穎達正義:《尚書正義》,上海:上海古籍出版社,2007 年,第 367～368 頁。

⑦ (晋)杜預注,(唐)孔穎達正義:《春秋左傳正義》,北京:北京大學出版社,2000 年,第 549 頁。

⑧ 陳奇猷:《韓非子新校注》,上海:上海古籍出版社,2000 年,第 983 頁。

⑨ (漢)許慎:《說文解字》,第 65 頁。

⑩ (漢)孔安國傳,(唐)孔穎達正義:《尚書正義》,第 454 頁。

⑪ (晋)杜預注,(唐)孔穎達正義:《春秋左傳正義》,第 473 頁。

《尚書·太甲上》:社稷宗廟,罔不祇肅。①
《漢書·韋賢傳》:皇帝祇肅舊禮,尊重神明,即告于祖宗而不敢失。②
《史記·孝武本紀》:陛下肅祇郊祀,上帝報享,錫一角獸,蓋麟云。③
《史記·司馬相如列傳》:是以湯武至尊嚴,不失肅祇。④
《後漢書·班彪列傳下》:燔瘞縣沈,肅祇羣神之禮備。⑤

肅之"嚴肅"義應是由"恭敬"義引申而來。另外,文獻中還有:

《禮記·祭義》:進退必敬,如親聽命,則或使之也。⑥
《吕氏春秋·孝行覽》:龢顏色,說言語,敬進退,養志之道也。⑦
《漢書·馮奉世傳》:參為人矜嚴,好修容儀,進退恂恂,甚可觀也。⑧
《樂府詩集·梁郊祀樂章·慶順樂》:進退必肅,陟降是祇。⑨

《論語·鄉黨》"孔子于鄉黨,恂恂如也,似不能言者",何晏注:"王曰:恂恂,溫恭之貌。"⑩"進退必敬""敬進退""進退恂恂""進退必肅"都是強調進退需要恭敬,而這正是"進退不祇"的反面,也可以作為旁證。"其民偷敝以恚怨,託故以不𢆶于上,命是以不行,進退不祇,致力不勉",可以被理解為:民眾怠惰疲困而怨恨,找藉口不𢆶于上,君主的命令不被執行,民眾進退不敬,出力也不盡力。

以上就是筆者關于清華簡八《治邦之道》簡14"進退不勖"的考釋,不當之處,懇請方家批評指正。

(張飛:中山大學中國語言文學系,510275,廣州)

---

① (漢)孔安國傳,(唐)孔穎達正義:《尚書正義》,第310頁。
② (漢)班固撰,(唐)顏師古注:《漢書》卷七十三,北京:中華書局,2013年,第3121頁。
③ (漢)司馬遷撰,(宋)裴駰集解,(唐)司馬貞索隱,(唐)張守節正義:《史記》卷十二,北京:中華書局,2013年,第457~458頁。
④ (漢)司馬遷撰,(宋)裴駰集解,(唐)司馬貞索隱,(唐)張守節正義:《史記》卷一百一十七,第3072頁。
⑤ (宋)范曄撰,(唐)李賢等注:《後漢書》卷四十,北京:中華書局,2012年,第1382頁。
⑥ (漢)鄭玄注,(唐)孔穎達正義:《禮記正義》,上海:上海古籍出版社,2008年,第1817頁。
⑦ 許維遹:《吕氏春秋集釋》,北京:中華書局,2018年,第308頁。
⑧ (漢)班固撰,(唐)顏師古注:《漢書》卷七十九,第3306頁。
⑨ (宋)郭茂倩編:《樂府詩集》,北京:中華書局,1979年,第105頁。
⑩ (魏)何晏注,(宋)邢昺疏:《論語注疏》,北京:北京大學出版社,2000年,第139頁。

讀《馬圈灣漢簡集釋》札記

陳宣陽

〔摘　要〕　《馬圈灣漢簡集釋》第102號簡中"送食遵常逋……吏士困餓,毋所假貸"中的第三字,學界尚有爭議。本文對該字字形進行分析,認爲該字釋爲"遵",即"傳"字異體,是"傳車"的意思。在此基礎之上,我們進一步分析該簡文。

〔關鍵詞〕　馬圈灣漢簡　傳車　逋

　　1979年敦煌馬圈灣遺址出土了一批漢簡,該簡最早收録於甘肅省文物考古研究所編的《敦煌漢簡》一書中。後張德芳先生《馬圈灣漢簡集釋》對其進行了詳細討論,爲閲讀該簡提供了很大的便利。我們在讀簡的過程中,對簡102的釋讀有一些淺薄的看法,陳述如下。

　　簡102釋文作"送食□常逋不以時到吏士困餓毋所假貸"。① 其中"□"字圖版作⚌。該字舊釋爲"遺"②,李洪財先生從之。③ 張德芳先生校釋該字存疑。王麗萍和王丹先生釋字爲"違",并認爲⚌乃"韋"旁俗作"車"形。字從後讀作"違常",即違背常規的意思。④

　　⚌字由⌐、⚌兩個偏旁組成,根據簡文筆勢,⚌又可以解構爲⚌、⚌兩個部分,與舊釋爲"車""曳"兩形的中間豎畫和彎畫作一筆貫穿之勢有别。由此我們懷疑⚌當爲"專",⚌可釋爲"遵",是"傳"字異體。

---

① 張德芳:《敦煌馬圈灣漢簡集釋》,蘭州:甘肅文化出版社,2013年,第400頁。
② 甘肅省文物考古研究所:《敦煌漢簡》,北京:中華書局,1991年,第224頁。
③ 李洪財博士學位論文《漢簡草字整理與研究》將字收入"遺"字頭下。
④ 王麗萍、王丹:《〈敦煌馬圈灣漢簡集釋〉未釋疑難字考》,《古籍整理研究學刊》2016年第3期,第96～97頁。

"傳"字漢簡習見,作如下形體:

與 B 類字所從相類,其下部所從形似"刀"的偏旁 可被看作"寸"旁省去橫筆。從 A 類到 C 類的字形變化,我們不難看出字從"傳"到"传"的簡化過程,因此 應該是"專"過渡到"专",書寫逐漸草化的一種形態。

古籍俗字中"寸"和"刂"往往混用。"剛"俗作"剢"、"剋"或作"尅"、"冠"俗或作"冠"。① 而這些作爲俗體存在的字,我們或多或少在一些秦漢的簡牘文字中已經能看到其偏旁訛混的影子,比如"剛"作 (《長沙五一廣場東漢簡牘》504)、"制"作 (《敦煌漢簡》497)、"創"作 (《尹灣漢簡》123)、"將"作 (《肩水金關漢簡(壹)73EJT3:113》)、"尋"作 (《敦煌漢簡》227)等,進一步證明 釋爲"專"是有所依據的。至于字所從 ,或許是受到前文 字影響,由偏旁類化所致。

以上是我們對" "所作字形上的分析,將字釋爲"傳",從文例上看,也是説得通的。該簡内容爲"送食傳常遽不以時到吏士困餓毋所假貸",我們結合張德芳先生的意見,斷讀作"送食傳常遽,不以時到,吏士困餓,毋所假貸"。

簡文"傳",即傳車。《説文》:"傳,遽也。"《爾雅·釋言》:"馹、遽,傳也。"郭璞注:"皆傳車駉馬之名也。"邵晉涵《正義》:"傳,乘傳也,今通謂之驛。"傳、遽、馹關係密切,典籍中馹和遽都被訓爲傳車之傳。② 馬圈灣漢簡 209 簡"便宜書到内人來復傳出如律令",張先生釋文"傳出,即乘傳而出"。③ "送食"一詞亦見

---

① 曾良:《俗字及古籍文字通例研究》,南昌:百花洲文藝出版社,2006 年,第 88~89 頁。
② 于省吾先生在其文《殷代的交通工具和馹傳制度》中對相關的問題作過討論,文章刊于《東北人民大學人文科學學報》1955 年第 2 期,第 79~114 頁。
③ 張德芳:《敦煌馬圈灣漢簡集釋》,蘭州:甘肅文化出版社,2013 年,第 427 頁。

于典籍。《漢書·西域傳》:"匈奴嘗困月氏,故匈奴使持單于一信到國,國傳送食,不敢留苦。"本句"國傳送食"中的"傳送"義近連用。我們認爲該簡"送食"與《漢書·西域傳》中的"傳送食"意義相當。若此,則"送食傳"即"運送糧食的傳車"。

"常逋",張先生釋文作"逋,拖欠。此處即軍糧供應經常拖欠"。① 簡文曰傳車"不以時到",文意更加側重"慢、緩"義。《廣雅·釋詁四》:"逋,遲也。"王念孫《廣雅疏證》:"逋者,郭璞注《南山經》引《記》曰:'條風至,出輕擊,督逋留。'《淮南子·天文訓》作'去,稽留也',是逋爲遲也。"《說文·辵部》:"遲,徐行也。"簡文"送食傳常逋,不以時到"即傳車行進緩慢,糧食不能按時到達。這和邊塞地區較爲嚴峻的自然地理環境也是相契合的。

通過以上分析我們知道 當釋爲"遵",是"傳"字的異體。傳,即傳車,簡文斷讀作:"送食遵(傳)常逋,不以時到。吏士困餓,毋所假貸。"我們可將之理解爲:運送軍糧的傳車行進緩慢,(軍糧)不能按時送達,戍邊吏士困餓,糧食無處借貸。

筆者曾與張文成討論,文成認爲"食傳"或許爲"傳食"的倒文。查閱相關資料,我們認爲文成的觀點亦有合理之處。睡虎地秦簡、張家山漢簡以及新出的胡家草場漢簡都見"傳食"一詞。傳食,驛站供應人食和馬匹草料。② 學界關于"傳食"的討論有很多,本文在此不作多論,但是將"食傳"看作"傳食"的倒文,簡文"送食傳常逋"即"送傳食常逋",譯作"運送糧食緩慢"也是可通的。

(陳宣陽:安徽大學漢字發展與應用研究中心,230039,合肥)

---

① 張德芳:《敦煌馬圈灣漢簡集釋》,蘭州:甘肅文化出版社,2013年,第400頁。
② 張家山二四七漢墓竹簡整理小組:《張家山漢墓竹簡(247號墓)釋文》(修訂本),北京:文物出版社,2006年。

季子康鎛"戚"字及其相關問題考辨

徐 文 龍

〔摘 要〕 季子康鎛銘文中之"☒斿（厥）于"之"☒",舊釋爲"茂""敖""比""茷""栽"等字,本文認爲☒字可與簠叔之仲子平鐘銘文中之"☒"字比照,均應分析爲從"戈","未"聲,隸作"栽",釋爲"戚"。并認爲季子康鎛之"戚斿（厥）于"與安徽舒城九里墩青銅鼓座之"受此于"同爲鍾離國先君的夷式名。

〔關鍵詞〕 季子康鎛 戚 鍾離國 夷式名

《商周青銅器銘文暨圖像集成》（以下簡稱"《商周》"）15787～15791號[①]收錄一套鎛鐘,係2007年安徽省鳳陽縣卞莊一號墓出土[②],鎛鐘銘文曰:"佳（唯）正月初吉丁亥,余□斿（厥）于之孫童（鍾）麗（離）公柏之季子康。"遂命名爲"季子康鎛"。其中"□"字較清晰者作如下三形:

（季子康鎛甲·《商周》15787）

（季子康鎛丙·《商周》15789）

（季子康鎛丁·《商周》15790）

上面三個字形均爲反書,爲方便討論,今翻轉爲如下之形:

[①] 吴鎮烽編著:《商周青銅器銘文暨圖像集成·樂器》第29冊,上海:上海古籍出版社,第262～276頁。

[②] 安徽省文物考古研究所、鳳陽縣文物管理所:《安徽鳳陽卞莊一號春秋墓發掘簡報》,《文物》2009年第8期。

69

（季子康鎛甲•《商周》15787）

（季子康鎛丙•《商周》15789）

（季子康鎛丁•《商周》15790）

《安徽鳳陽下莊一號春秋墓發掘簡報》此字缺釋，《商周》將此字隸作"茷"。① 胡長春先生將此字釋爲"敊"，并將字形翻轉後認爲上揭《商周》15790（以下簡稱"15790"）的字形"顯係從'卜'從'攴'"，而《商周》15787（以下簡稱"15787"）和《商周》15789（以下簡稱"15789"）"兩字左上部本應作'卜'，訛變爲'屮'是因其與右上部從'屮'類化而致"。② 孫合肥先生釋此字爲"比"。③ 陳治軍先生則隸定爲"茷"④，但未對字形進行分析。陳斯鵬、石小力與蘇清芳三位先生所著《新見金文字編》將此字歸入"栽"字下，認爲戰國楚文字中有地名"栽郢"，字作"", 或省作"", 又省作"", 季子康鎛"栽"與之甚相吻合。⑤ 吳國昇先生所著《春秋文字字形表》亦收入"栽"字下。⑥

"□"字非是"茷"字，也不是"敊"字，更不是"比"字，應該是"戚"字。"茷"字不見於古文字。"戉"字甲骨文作""（《合》38758），金文作""（史戉作父壬卣•《集成》5288.1），戰國文字作""（《清華二•繫年》041），與所謂"屮"形下的形體比較相似，但15789的字形所從"人"形旁還有一個點畫，而古文字中的"戉"字没有這樣的寫法。另外，"□"字右半部分的形體是一個整體，不能拆分

---

① 吳鎮烽編著：《商周青銅器銘文暨圖像集成•樂器》第 29 册，上海：上海古籍出版社，第 262、265、268、271、274 頁。
② 胡長春：《鍾離氏始祖"宋襄公母弟敊"新證暨"鷖鷖雛雛"釋義的再探討》，《考古與文物》2009 年第 3 期。
③ 孫合肥：《舒城九里墩鼓座銘文校注》，《古籍研究》總第 59 卷，2013 年，第 182 頁。
④ 陳治軍：《安徽出土青銅器銘文研究》，合肥：黃山書社，2012 年，第 58、60、61、63 頁。
⑤ 陳斯鵬、石小力、蘇清芳編著：《新見金文字編》，福州：福建人民出版社，2012 年，第 21 頁。
⑥ 黃德寬主編，徐在國副主編，吳國昇編著：《春秋文字字形表》，上海：上海古籍出版社，2017 年，第 29 頁。

爲"屮"形和"人"形。這一點黃錫全先生早已談過。① "敖"字甲骨文作"㣤"（《合》188正），金文作"㪙"（揚簋·《集成》04294）、"㪙"（九年衛鼎·《集成》02831），戰國文字作"㪙"（《珍秦》150）、"㪙"（《璽彙》0643）、"㪙"（《珍秦》351），15790的右旁確實與揚簋中的"敖"字形體很接近，但15789的字形所從"人"形旁有一點畫，這也是"敖"字形體所不具備的。胡長春先生認爲15790左旁從"支"，詳審字形，此字左旁上部仍爲"屮"形，與15787和15789所從一致；下部是"戈"形除去"戈援"的那一部分，祇是此形向右延伸的"戈援"發生了斷裂，而15787和15789所從"戈"旁的"戈援"是非常明顯的。所以將15790的左旁釋爲"支"顯然有誤。且"敖"字在古文字中或作"㪙"形，或作"㪙"形，絕無從"戈"的寫法。"比"字甲骨文作"㣤"（《合》10080），金文作"㣤"（班簋·《集成》04341A），春秋文字作"㣤"（《侯馬》）、"㣤"（《侯馬》），戰國文字作"㣤"（《清華一·楚居》1）、"㣤"（《璽彙》3068）。"比"字的一個主要特徵是左右兩邊的形體完全相同。而"□"字左旁上部爲"屮"形，下部是"戈"形除去"戈援"的那一部分，與右旁上部似"屮"形，下部似"人"形，實則是一個整體的形體完全不同。且"比"字左右兩邊的形體不相連接，而15787和15789的左右兩邊形體明顯地連在了一起，這一連接兩部分形體的橫筆正是左旁"戈"形"戈援"部分的向右延伸。如從禾從戈會意的"秋"字②作"㪙"（《汗簡》中之一禾部）、"㪙"（《古文四聲韵》入聲鐸部），又作"㪙"（燕王職壺·《商周》12406）。燕王職壺的"秋"字就是將"戈援"部分向左延伸至"禾"形中間，與"禾"字共用橫筆。至于將"□"字隸定爲"蕺"或"栽"，也是不夠嚴謹的，就字形來看，"□"字下半部分并非"戚"字或其异體"栽"字，"□"字的上半部分也不能被看作"艸"形。

"□"字可與簠叔之仲子平鐘（以下簡稱"簠平鐘"）表示鐘聲的"△△雍雍"之"△"相比照。簠平鐘"△"字作：

---

① 黃錫全：《"蕺郢"辨析》，《古文字與古貨幣文集》，北京：文物出版社，2009年，第335頁。
② 董珊、陳劍：《郾王職壺銘文研究》，《北京大學中國古文獻研究中心集刊（第三輯）》，北京：北京大學出版社，2002年，第44、45頁。

（篪叔之仲子平鐘·《集成》00172）　　（翻轉後）

西周春秋銅器銘文中有一個用來形容鐘聲的擬聲詞,其中除戎生鐘作"旟旟△△",秦公石磬作"△△鎗鎗"以及叔弓鐘、鎛作"△△嚳嚳"外,其餘諸器均作"△△雍雍"。① 黄德寬先生認爲這個擬聲詞中"△"字"各形除了作爲義符的偏旁有'鳥(隹)''金''戈'等明顯分别外,作爲聲符的偏旁衹有一些細微變化,這些變化主要是'飾筆點畫'的多少和位置的不同"②,意即"△"字所從的聲符應爲同一個字。戎生鐘銘文中這個擬聲詞,作"旟=△=","△"字作" ",裘錫圭先生隸之作"鵨",認爲"此銘'鵨'字左旁本不從'尗',但我們認爲是與'尗'字音同或音近的一個字,用作聲旁時二者可以通用"。③ 梁其鐘銘文中則作"△=雍=",鄭剛先生已據馬王堆一號漢墓竹簡一〇一號簡"尗"字字形" "、二九六號簡"叔"字字形" "以及守丘刻石"尗"字字形" ",將梁其鐘銘文中的"△"字隸作"鈥",認爲"鈥是古文字研究中争議較多的一個字。它有很多變體,但以 、 爲正體(如秦公鐘),字與漢代的叔字一致……也與中山守丘刻石'後淑賢者'的'淑'相同"。④ 梁其鐘銘此字原篆作" ",右側所從字形中無"又"形,則應按裘先生對戎生鐘銘文中"鵨"字所作隸定,右側應爲"尗",隸作"鈢"。則篪平鐘"△"字可隸作"戚",分析爲從"戈""尗"聲,又"古文字從'戈'與從'戌'每多通用"⑤,故此字應被釋爲"戚"。

"□"字的三種形體與上引篪平鐘"△"字字形相近,衹是"□"字形體左上部受右上部"中"形影響也類化爲"中"形。上引胡長春先生也指出 15787 和

----

① 參看裘錫圭:《戎生編鐘銘文考釋》,《裘錫圭學術文集·金文及其他古文字卷》第三卷,上海:復旦大學出版社,2012 年,第 115~117 頁;胡長春:《鍾離氏始祖"宋襄公母弟敖"新證暨"驚驚雒雒"釋義的再探討》,《考古與文物》2009 年第 3 期;黄德寬:《新出戰國楚簡〈詩經〉異文二題》,《中原文化研究》2017 年第 5 期。

② 黄德寬:《新出戰國楚簡〈詩經〉異文二題》,《中原文化研究》2017 年第 5 期。

③ 裘錫圭:《戎生編鐘銘文考釋》,《裘錫圭學術文集·金文及其他古文字卷》第三卷,上海:復旦大學出版社,2012 年,第 115 頁。

④ 鄭剛:《古文字資料所見叠詞研究》,《中山大學學報》(社會科學版),1996 年第 3 期。

⑤ 何琳儀:《長沙銅量銘文補釋》,《安徽大學漢語言文字研究叢書·何琳儀卷》,合肥:安徽大學出版社,2013 年,第 158 頁。

15789 兩字左上部"訛變爲'中'是因其與右上部從'中'類化而致"。① 這一點是非常正確的。因此,季子康鎛的"□"字也應被隸作"𢍰",被釋爲"戚"。

又曾伯陭鉞中有如下一字:

(曾伯陭鉞·《商周》18250)

曾伯陭鉞辭例爲"曾伯陭盟(鑄)𢍰戉(鉞)",黃錫全先生將此字釋爲"戚"。② 從辭例來看,此字釋爲"戚"是非常合適的。謝明文先生也認爲,林澐先生已經指出戚原本是一種形式特殊的鉞,所以在屬于東周的曾伯陭鉞銘文中"戚鉞"連稱,這是不難理解的。③ 以上兩位先生的觀點是可信的。曾伯陭鉞的"戚"字亦可分析爲從"戈""朱"聲,與齊平鐘、季子康鎛的"戚"字互爲反書。所不同的是曾伯陭鉞的"戚"字"朱"旁上部和下部均有點畫作飾筆,季子康鎛丙"戚"字"朱"旁下部右側亦有點畫爲飾筆,齊平鐘"朱"旁則無飾筆。曾伯陭鉞的"戚"字《新見金文字編》歸入"戚"字下④,這是非常正確的。但《新見金文字編》將季子康鎛的"戚"字歸入"𢍰"字下,則誤。應撤去"𢍰"字字頭,將季子康鎛的"戚"字諸形歸入"戚"字下。《春秋文字字形表》亦然。則季子康鎛的"□氒(厥)于"應爲"戚氒(厥)于","戚氒(厥)于"當是鍾離國先君之名。

1980年9月出土于安徽舒城九里墩的青銅鼓座也是鍾離國的遺物。⑤ 該

---

① 胡長春:《鍾離氏始祖"宋襄公母弟敖"新證暨"鶩鶩雎雎"釋義的再探討》,《考古與文物》2009年第3期。又西周格伯簋"武"字作"㦵"(格伯簋·《集成》04263)"㦵"(格伯簋·《集成》04264.1),"武"所從"戈"旁上部均作"中"形;春秋曾侯與鐘"戈"字作"㦵"(曾侯與鐘·《江考》2014.4),"戈"字上部亦作"中"形,故季子康鎛"戚"字所從"戈"旁上部作"中"形,也可能是"戈"字本身的一種寫法,并非因右側"中"形類化而來。這一點蒙王磊師兄指出,謹志于此。

② 黃錫全:《棗陽郭家廟曾國墓地出土銅器銘文考釋》,《古文字與古貨幣文集》,北京:文物出版社,2009年,第125~126頁。

③ 謝明文:《固始侯古堆一號墓所出編鎛補釋》,復旦大學出土文獻與古文字研究中心網站,2010年12月8日,注釋14。

④ 陳斯鵬、石小力、蘇清芳編著:《新見金文字編》,福州:福建人民出版社,2012年,第367頁。

⑤ 安徽省文物工作隊:《安徽舒城九里墩春秋墓》,《考古學報》1982年第2期;何琳儀:《九里墩鼓座銘文新釋》,《出土文獻研究(第三輯)》,北京:中華書局,1998年,第67~73頁;劉信芳:《安徽鳳陽縣卞莊一號墓出土鎛鐘銘文初探》,《考古與文物》2009年第3期。

鼓座銘文"鍾離"二字作"童鹿"①,其中有與季子康鎛銘文相似的文句作:隹(唯)正月初吉庚午,余受此于之玄孫童(鍾)鹿(離)公虞。此句"于"之前一字殷滌非先生認爲是"'此'字反文"②,曹錦炎先生③、何琳儀先生④均隸定爲"此";而劉信芳先生隸爲"氒(厥)",認爲鼓座銘文"□氒(厥)于"與季子康鎛的"□氒(厥)于"爲同一人。⑤ 胡長春先生⑥、孫合肥先生⑦亦隸定爲"氒(厥)"。按,這個字應爲"此"字,簠平鐘"此"字作"⿱"(簠叔之仲子平鐘·《集成》00178),九里墩鼓座"此"字作"⿱"(《考報》1982·2·235),正是簠平鐘"此"字的反寫,殷滌非先生所釋甚確。"此"前一字作"⿱"(《古研》14·35),該字從"舟"比較明確,"舟"形右下方似有一個"又"字,曹錦炎、何琳儀兩位先生隸爲"受",可從。則季子康鎛之"戚氒(厥)于"與九里墩鼓座之"受此于"或爲同一人,但就字形來看,"戚"字與"受"字不同,而九里墩鼓座之"此"也絕非季子康鎛之"氒(厥)"。⑧

　　胡長春先生將季子康鎛的"□"字釋爲"敖",認爲即鍾離氏始祖,也即"宋襄公母弟敖"。⑨ 胡先生據《國語·晉語》《世本八種》《元和姓纂》《新唐書·宰相世系》等文獻將鍾離氏定爲宋國子姓所出。既然"□"字不是"敖",則鍾離氏始祖也自然不是"宋襄公母弟敖"。陳立柱、闞緒杭兩位先生也認爲鍾離氏始

---

① 何琳儀:《九里墩鼓座銘文新釋》,《出土文獻研究(第三輯)》,北京:中華書局,1998年,第67〜68頁。
② 殷滌非:《九里墩墓的青銅鼓座》,《古文字研究(第十四輯)》,北京:中華書局,1986年,第30頁。
③ 曹錦炎:《舒城九里墩鼓座銘文補釋》,《中國文字(新十七期)》,臺北:中國文字社,1993年,第283頁。
④ 何琳儀:《九里墩鼓座銘文新釋》,《出土文獻研究(第三輯)》,第67頁。
⑤ 劉信芳:《安徽鳳陽縣卞莊一號墓出土鎛鐘銘文初探》,《考古與文物》2009年第3期。
⑥ 胡長春:《鍾離氏始祖"宋襄公母弟敖"新證暨"鷟鷟離離"釋義的再探討》,《考古與文物》2009年第3期。
⑦ 孫合肥:《試論鍾離》,《江漢考古》2014年第2期。
⑧ 《商周青銅器銘文暨圖像集成》第15787號季子康鎛甲"于"前一字像是"此"字,右旁"止"形正書,而左旁"匕"形反書,若這個字爲"此"字不誤,則其他幾個鎛鐘的所謂"氒(厥)"字,有可能是"此"字的省寫;又"戚"從"尗"聲,"尗"上古音爲書母覺部,"受"爲禪母幽部,聲紐同爲舌音,韻部對轉。則"戚此于"和"受此于"或爲同一人。謹志于此,存疑待考。
⑨ 胡長春:《鍾離氏始祖"宋襄公母弟敖"新證暨"鷟鷟離離"釋義的再探討》,《考古與文物》2009年第3期。

祖并非"宋襄公母弟敖",司馬遷所説鍾離出于嬴姓更可取。① 張志鵬先生進一步指出:"鍾離國爲嬴姓,以國爲氏稱鍾離氏,于是有嬴姓鍾離氏。州來之西有鍾離邑,楚服州來後,鍾離邑屬楚。伯州犁奔楚後,楚以鍾離邑爲其采邑。伯州犁之後以其采邑爲氏亦稱鍾離氏,于是有子姓鍾離氏。子姓鍾離氏與嬴姓鍾離氏迥异,斷不可混爲一談。"②孫合肥先生將"□"字釋爲"比"後,認爲鍾離國先祖爲比氏,可能源于山東淄博市沂源縣。但在文末又説結合出土金文資料與典籍所載可知,古鍾離國,爲少昊後,嬴姓子封國,源于今山東淄博市沂源縣。③ "□"字既非"比"字,則鍾離氏先祖也不應是比氏。張志鵬先生亦指出:"我們仍然認爲鍾離國爲嬴姓,先祖絶非子姓比氏。"④

按,《史記·秦本紀》載太史公曰:"秦之先爲嬴姓。其後分封,以國爲姓,有徐氏、郯氏、莒氏、終黎氏、運奄氏、菟裘氏、將梁氏、黄氏、江氏、修魚氏、白冥氏、蜚廉氏、秦氏。"裴駰《集解》引徐廣曰:"《世本》作'鍾離'。應劭曰:'《氏姓注》云有姓終黎者是也。'"又《路史·國名記》:"鍾離,子爵,徐之別封。"我們認爲季子康鎛銘文中之"童(鍾)麗(離)"應爲嬴姓之鍾離國。上引箐平鐘之"箐",或作"箇"(如"箇侯敦"),王國維⑤、徐中舒、郭沫若⑥、楊樹達⑦、裘錫圭⑧、黄盛璋⑨諸先生均認爲是山東之莒國,也即上引《史記·秦本紀》之"莒氏"。《通志·氏族略二》:"莒氏,嬴姓。少昊之後也。"又馮時先生説:"父子兩代鍾離墓(按,指蚌埠雙墩鍾離君柏墓與鳳陽卞莊一號墓)殉人不僅同爲十人,分置四方,而且同樣隨葬小銅刀和陶片,證明其具有共同的象徵意義。""山東莒南大店鎮所見春秋晚期一、二號墓各殉十人,其中二號墓主即爲莒國國君兹平

---

① 陳立柱、闞緒杭:《鍾離國史稽考》,《武漢科技大學學報》(社會科學版)2011年第3期。
② 張志鵬:《"鍾離氏"族姓考》,《考古與文物》2012年第2期。
③ 孫合肥:《試論鍾離》,《江漢考古》2014年第2期。
④ 張志鵬:《鍾離遷徙考》,《蚌埠學院學報》2015年第3期。
⑤ 王國維:《觀堂集林》卷十八《王子嬰次盧跋》,北京:中華書局,1959年,第900~901頁。
⑥ 郭沫若:《兩周金文辭大系圖録考釋(下)·箐大史申鼎》,上海:上海書店出版社,1999年,第173頁。
⑦ 楊樹達:《積微居金文説·齊大宰歸父盤跋》,上海:上海古籍出版社,2007年,第379~380頁。
⑧ 裘錫圭:《戰國貨幣考(十二篇)》,《北京大學學報》(哲學社會科學版)1978年第2期。
⑨ 黄盛璋:《山東出土莒之銅器及其相關問題綜考》,《華夏考古》1992年第4期。

公。這種以小國國君的身份隨葬十人的葬制與鍾離國君墓的情況完全相同,鍾離與莒或本同爲淮泗流域的嬴姓小國,理應具有共同的文化傳統。"①鍾離與莒"共同的文化傳統"在古文字中也有所反映,如上揭季子康鎛之"戚"與篇平鐘之"戚"字形相近,且同爲反書。陳秉新先生也認爲"舒城出土鼓座銘文筆畫纖細勻稱,字體修長秀麗,既不同于中原,也不同于楚蔡,而與徐器銘文相接近。在結構上,兩者都喜爲反書"。② 徐、莒、鍾離等淮泗流域諸國,不僅在墓葬葬制方面相似,且在文字構形和書寫風格方面也多有一致性。看來《史記·秦本紀》司馬氏之言當有所據。

徐國銅器僕兒鐘銘文有"隹(惟)正九月初吉丁亥,曾孫僕兒:'余,迖斯于之孫;余,兹咎之元子。'"③王輝先生曾言:"徐、楚、吴、越諸國的王名很複雜,同一人既有夷式名,又有華化名。所謂夷式名可能即其自稱之名,華化名則可能是中原對其名的譯音或譯意。""'迖斯于、舟此于(按,即上引九里墩鼓座的"受此于")可能也是徐王的夷式名。"④林森先生亦認爲"鍾離國地處淮河流域,與吴、楚、徐諸國相鄰,因而也可能存在使用夷式名的情況","'□厥于'一詞應當視作鍾離國先祖的夷式名"。⑤ 王、林二先生之説可信。我們認爲季子康鎛的"戚𠂤(厥)于"以及九里墩鼓座的"受此于"與僕兒鐘的"迖斯于"是"徐王的夷式名"的情況類似,也應是鍾離國先君的夷式名。

---

① 馮時:《上古宇宙觀的考古學研究——安徽蚌埠雙墩鍾離君柏墓解讀》,《鍾離君柏墓》(中),北京:文物出版社,2013年,第420～421頁。
② 陳秉新:《徐舒源流初探》,《安徽史學》1986年第2期。
③ 李家浩:《僕兒鐘銘文新釋》,《安徽大學漢語言文字研究叢書·李家浩卷》,合肥:安徽大學出版社,2013年,第41頁。
④ 王輝:《徐銅器銘文零釋》,《東南文化》1995年第1期。王輝先生又認爲九里墩鼓座之"舟此于"亦即"迖斯于",并將九里墩鼓座定爲徐器。我們認爲九里墩鼓座爲鍾離國器。鍾離國是否爲"徐之別封",待考;"舟(應爲"受")此于"是否"迖斯于",亦待考。
⑤ 林森:《鍾離國相關問題試析》,《考古與文物》2015年第5期。

引書簡稱表

《合》　　　　　　　《甲骨文合集》

《集成》　　　　　　《殷周金文集成》

《商周》　　　　　　《商周青銅器銘文暨圖像集成》

《清華一》　　　　　《清華大學藏戰國竹簡（壹）》

《清華二》　　　　　《清華大學藏戰國竹簡（貳）》

《侯馬》　　　　　　《侯馬盟書》

《璽彙》　　　　　　《古璽彙編》

《珍秦》　　　　　　《珍秦齋藏印（秦印篇）》

《江考》　　　　　　《江漢考古》

《考報》　　　　　　《考古學報》

《古研》　　　　　　《古文字研究》

（徐文龍：安徽大學漢字發展與應用研究中心，230039，合肥）

新見金文補釋二則

張 一 方

〔摘　要〕　本文主要對新發布的金文材料進行補釋:將《商周青銅器銘文暨圖像集成》(三編)[以下簡稱"《銘圖》(三編)"]1672 號的"倉王市斗"改釋爲"野王市斗",即"野王市"的度量"斗"。將南陽春秋彭氏墓地簠銘的"夢"改釋爲"孟","正月孟庚"即"正月的第一個庚日";將"獻"改釋爲"歔",讀作"吾",用作第一人稱。

〔關鍵詞〕　新見金文　野王市斗　孟庚

一、野王市斗

吴鎮烽先生編著的《銘圖》(三編)已于近期出版,所收録的金文材料很多都是之前從未公布過的,非常珍貴。書中編號 1671 著録一件戰國時期青銅斗,釋文作"倉王市斗"。斗銘照片和拓片如下所示:

照片

拓片

我們認爲銘文首字"旦"應改釋爲"野"。此類構型的"野"字,在戰國文字中常見,如:

[字形](《古錢大辭典》39)　　　[字形](《集成》11675)

[字形](《清華七·越公》47)　　[字形](《清華九·治政》36)

關于此字的形體分析，各家多有討論。趙平安先生認爲此類形體爲晋系文字"冶"之聲符，如[字形](《集成》2590），"冶"所從的"土"上之"爪"是由"刀"訛變而來。① 吴良寶先生則將"[字形]"所從的"爪"之形看作"野"所從聲符"予"的兩個圈叠加在一起再與"土"之竪筆連寫而成，實是"予"之變體。② 我們認爲此字可分析爲從"土"，"户"聲。吴振武先生曾利用"倉"及從"倉"之形，將璽印中的"[字形]"（《璽彙》3995）釋爲"户"③，將"[字形]"釋爲"户"現在看來雖有失精當，但吴先生之說給予本文很大的啓發。《戰國古文字典》："倉，甲骨文作[字形]，從合，從户，會倉廩閉闔有門可入……六國文字多有异變，户或偽作ㄅ、ⵒ、ㄕ、ㄕ等。ㅂ則以一、二代替，或在右側加注二、ㅂ爲飾。"④何先生將"倉"分析爲從"合"從"户"是非常合理的。"户"在戰國文字中的各種變體尤其值得注意，因此我們覺得"野"所從的類似"爪"形的部分應看作"户"之變形。

本文所討論的"[字形]"是由其所從的"户"與"土"共用一竪筆所成，戰國文字中常有共用筆畫的情況存在，吴振武先生曾專門撰文論述"借筆字"的情況，可參看。⑤ "户"屬匣紐魚部，"野"屬喻紐魚部，故可將"[字形]"分析爲從"土"，"户"聲，看作"野"的异體。

"野王"在此銘文中作地名，亦見于戰國古幣。吴良寶先生曾對戰國古幣上的"野王"作過詳細考釋，爲免去讀者翻檢之煩，特引如下：

戰國時期韓國有地名"野王"，是連接其北部領土上黨郡與國都新鄭

---

① 趙平安：《談談戰國文字中用爲"野"的"冶"字》，《嶺南學報》2018年第2期。
② 吴良寶：《野王方足布幣考》，《江蘇錢幣》2008年第1期。
③ 吴振武：《古璽姓氏考（複姓十五篇）》，《出土文獻研究（第三輯）》，北京：中華書局，1998年，第74~88頁。
④ 何琳儀：《戰國古文字典：戰國文字聲系》，北京：中華書局，1998年，第696頁。
⑤ 吴振武：《古文字中的借筆字》，《古文字研究（第二十輯）》，北京：中華書局，2000年，第308~337頁。

之間的重要通道,戰略位置十分重要,據《史記·韓世家》載,公元前262年秦攻占野王,雖然韓國一度收復上黨郡,但至遲在公元前246年這些地方又被秦占領。①

"野王市"應爲"野王"這個地方的"市",戰國資料中有關"市"的資料非常豐富,裘錫圭先生有過專門研究。②"斗"爲量器名,此爲三晋地區所見爲數不多的量器"斗"。

蒙王磊師兄告知,《三寶堂古稀紀念泉譜》收錄了"野王"布幣拓本,故其銘真實性基本可確定,現示圖于下:③

二、啓簋

近日,《文物》刊布了《河南南陽春秋楚彭氏家族墓地 M1、M2 及陪葬坑發掘簡報》(以下簡稱《簡報》)。④ 據《簡報》可知,該墓發掘出土數件珍貴青銅器,其中有長篇銘文青銅簋、簋蓋各 2 件,釋文作:"正月夢庚,啓自作飼簋,以征以行,獻以飼士庶子及我父兄,永保用之,眉壽無疆。"⑤本文主要就該簋銘中釋爲"夢"的"▨"和釋爲"獻"的"▨"提出不同見解,敬啓方家指正。

銘文中"正月"下一字《簡報》釋爲"夢",字形作:

1. 2. 3. 4.

按:此字應分析爲從"子"從"皿",釋爲"盂"。古文字形體中,"盂"所從的

---

① 吴良寶:《野王方足布幣考》,《江蘇錢幣》2008 年第 1 期。
② 裘錫圭:《戰國文字中的"市"》,《考古學報》1980 年第 3 期。
③ 小槌义雄:《三寶堂古稀紀念泉譜》,大阪:三宝堂コイン店,2011 年,第 17 頁。
④ 亦見于劉新、劉小磊主編:《吉金墨影》,鄭州:河南美術出版社,2016 年,第 147、149 頁。
⑤ 《河南南陽春秋楚彭氏家族墓地 M1、M2 及陪葬坑發掘簡報》,第 6 頁。

"子"加飾筆的情況常見,如:

(安大簡 89)　　　美～姜兮

(安大簡 90)　　　美～□兮

(蔡侯申缶·《集成》10004)　　蔡侯申作大～姬朕盥缶

(蔡侯紐鐘·《集成》210)　　　唯正五月初吉～庚

陳夢家先生曾對蔡侯紐鐘(《集成》210)的"孟庚"作過解釋,現引如下:

《廣雅·釋詁》"孟,始也","孟庚"是始庚、初庚,即一月內的第一個庚日。一月中可有三個庚日,第一個庚日謂之"孟庚",猶同墓出土的吳王光鑒稱之爲"初庚"。①

"初庚"亦見于紹興 306 號戰國墓出土的一件青銅鼎,鼎銘作"唯五月吉日初庚"。② 故簠銘"正月孟庚"即"正月的第一個庚日"。

銘文中釋爲"獻"的字作:

按:此字應分析爲從"攴","虗"聲,隸定爲"獻",讀作"吾",作第一人稱代詞。

"獻"讀作"吾",用作第一人稱之例在戰國文字中習見,如:

(《侯馬》一:一)　　(《侯馬》二〇〇:三九)　　～君其明亞視之

(中山王鼎·《集成》2840)　　　～先祖趣王

(中山王鼎·《集成》2840)　　　～先考成王

---

① 陳夢家:《壽縣蔡侯墓銅器》,《考古學報》1956 年第 2 期。
② 牟永航:《紹興 306 號戰國墓發掘報告》,《文物》1984 年第 1 期。

　　　～以宴以喜

"吾以飼"的結構用法見于春秋時期的銅器銘文,如:

沈兒鎛銘(《集成》203):吾以宴以喜,以樂嘉賓,與我父兄。

九里墩鼓座銘(《集成》429):余以會同姓九礼,以飼大夫、朋友。

綜上,簠銘應改爲"正月孟庚,啓自作飼簠,以征以行,虞(吾)以飼士庶子及我父兄,永保用之,眉壽無疆"。

"飼"兩見于簠銘"啓自作飼簠"及"虞(吾)以飼士庶子及我父兄",二"飼"雖都爲動詞,但用法有別:第一個"飼"是"用來食用、吃"的意思,作"簠"的修飾語;第二個"飼"意爲"使……食用、招待"。"士庶子"在傳世文獻中習見,如《禮記·燕儀》:"席,小卿次上卿,大夫次小卿,士庶子以次就位于下。"《周禮·天官·宮伯》:"掌王宮之士庶子凡在版者。"《周禮·地官·犒人》:"若饗耆老、孤子、士庶子,共其食。"鄭玄注:"士庶子,卿大夫、士之子弟宿衛王宮者。"

故銘文大意爲"正月的第一個庚日,啓作食簠,用征用行,我用簠(盛食物)來款待士庶子和我父兄,永保用之,眉壽無疆"。

(张一方:安徽大學漢字發展與應用研究中心,230039,合肥)

真山楚國官印文字的復原和解釋
——兼談戰國文字地名後帶"邦"字的資料

李 家 浩

〔摘　要〕　20世紀90年代,蘇州真山D1M1號戰國晚期楚墓出土一方銅印,十分引人注目,已有許多學者對其進行了研究,在文字的釋讀和解釋方面意見很不一致。根據有關情況,印文應該是"上相邦鉨"四字,"上相"是地名,"邦"是郡一級的行政區,"上相邦鉨"是鎮守楚國邊郡"上相"地方官署所用的印。在其他戰國文字地名後也有帶"邦"字的,應該也是郡一級的行政區。

〔關鍵字〕　官印　邦　郡　相

1994年11月至1995年4月,蘇州博物館和吳縣文物管理委員會在真山清理了一批古代墓葬,其中D1M1號戰國晚期楚墓出土一方銅印,引起了人們的關注,有好幾位學者加以研究,提出了許多好的見解。筆者不揣淺陋,想對這方銅印談一點不成熟的看法,謬誤之處,敬請大家批評指正。

對真山銅印的有關情況,發掘報告《真山東周墓地》作了詳細介紹。[①] 印爲覆斗形,橋鈕,高2.1厘米,印面長2.9厘米,寬2.8厘米。因銹蝕嚴重,印面文字殘泐。蘇州博物館邀請古文字學家曹錦炎先生對印文進行辨認,并且根據辨認的結果對印文進行復原。復原後的印文是"上相邦鉨"四字。1995年11月,相關方面公布了這一成果:[②]

---

① 蘇州博物館:《真山東周墓地——吳楚貴族墓地的發掘與研究》,北京:文物出版社,1999年,第39頁圖七三、41頁圖七八:3。
② 張照根:《蘇州真山墓地出土大量珍貴文物》,《中國文物報》1995年11月19日,第1版。

自真山楚印復原的資料公布之後,有好幾本有關古璽的書予以轉載,幾位學者對其展開討論,所以,筆者就此印的文字分印文復原和印文解釋兩個方面加以介紹。

一、印文復原

學術界對蘇州博物館的印文復原是有爭議的。王人聰先生認爲復原的印文"相邦"二字不合楚文字寫法,説把印文復原爲"上相邦鉨"是没有根據的。①劉和惠先生也有類似的意見。② 李學勤先生的意見跟王、劉二氏不同,他認爲第一字"上"和第三、四字"邦鉨"的復原"是没有疑議的","問題在第二個字","就字形而言",與楚文字的"相"不合,這個字應該是"桓"字的异體"梧"。③

肖毅博士對真山銅印的幾種圖像上的殘存筆畫進行了認真比較,并對諸家的意見進行了仔細分析,認爲印文確實是"上相邦鉨"四字,但是肖氏認爲"相"字所從"目"旁上部爲尖頭形,跟長沙出土的楚印"區夫相鉨"等的"相"字寫法相似。肖氏根據他的認識,對印文作了重新復原:④

把肖毅博士的復原圖與蘇州博物館的復原圖和原印鈐印圖對照,筆者認爲肖氏的意見和復原是可取的。類似肖氏復原的印文寫法的"相"字,除了肖氏所説的例子之外,還有河南淅川徐家嶺十號楚墓出土的簠銘"想"字所從⑤,大家不妨比較。

---

① 王人聰:《真山墓地出土"上相邦鉨"辨析》,《故宫博物院院刊》1998年第2期,第17～20頁;《古璽印與古文字論集》,香港中文大學文物館專刊之九,2000年,第49～52頁。
② 劉和惠:《春申君墓之謎》,《文物研究(第十一輯)》,合肥:黄山書社,1998年,第251～254頁。
③ 李學勤:《"桓"字與真山楚官璽》,《國學研究》第八卷,北京:北京大學出版社,2001年,第173～176頁;《中國古代文明研究》,上海:華東師範大學出版社,2005年,第188～189頁。
④ 肖毅:《古璽文分域研究》,武漢:崇文書局,2018年,第680～683頁。
⑤ 河南省文物考古研究所等:《淅川和尚嶺與徐家嶺楚墓》,鄭州:大象出版社,2004年,第259頁圖二四六。

二、印文解釋

真山楚印文字既然是"上相邦鈢"四字,首先使人想到的是先秦時期許多國家的中央最高執政官"相邦",即傳世文獻中因避劉邦名諱改稱的"相國"。據筆者所知,凡是參加討論真山楚印的學者,不論對復原文字贊同與否,都是這樣認爲的。

曹錦炎先生認爲楚國在戰國晚期也有"相邦"一職,證據是《戰國策·東周策》"周共太子死"章提到楚有"相國";并且還根據《史記·春申君列傳》和《戰國策·楚策四》"楚考烈王無子"章有春申君任"相國"和"城故吴墟"等的記載,認爲真山 D1M1 號墓可能是春申君墓,"上相邦鈢"印爲春申君的璽印。①

王人聰先生對曹氏的意見進行了評議,引齊思和語:"終戰國之世,楚未嘗置相,仍行其令尹之舊制。"并且還說,楊寬、韓連琪等"其他研究先秦史的學者也持同樣的看法"。《戰國策》所說楚的"相國",祇是比擬之詞。劉和惠先生也持類似的觀點。

王、劉二氏的意見很有道理,筆者在這裏再補充說明一下。曹氏所引《戰國策·東周策》"周共太子死"章和《史記·春申君列傳》等,不能證明戰國時期楚有"相國"和春申君任"相國"。《戰國策·東周策》"周共太子死"章所記之事見于《史記·周本紀》,時間是在周赧王(前 314—前 256 年)初年②,相當於楚懷王(前 328—前 299 年)十五年至二十一年之間。《戰國策·齊策二》"昭陽爲楚伐魏"章和《史記·楚世家》等明言楚懷王時的楚國最高長官是"令尹"。《楚世家》又說楚考烈王以左徒黄歇爲"令尹,封以吴,爲春申君"。這也説明楚有"相國"的記載,確實是比擬之詞。

還有一點,如果把印文中的"相邦"理解爲"相國",那麽正如劉和惠先生説

---

① 曹錦炎:《上相邦璽考》,《中國文物報》1995 年 12 月 17 日,第 3 版;《關于真山出土的"上相邦璽"》,《故宫博物院院刊》1999 年第 2 期,第 79~80 頁;《古璽通論》(修訂本),杭州:浙江大學出版社,2017 年,第 114~116 頁。
② 繆文遠:《戰國策考辨》,北京:中華書局,1984 年,第 15~16 頁。

的,"'上相邦(國)'這一官名,不僅楚國無此稱,就是實行相制的三晋、齊、秦等國也無此稱"。李學勤先生也説"上相邦""更是文獻所未曾見"。

關于學術界對真山楚國官印文字的復原和解釋就介紹到這裏,下面談談筆者對真山楚印文字的理解。

真山楚印文字既然是"上相邦鉩"四字,而"相邦"又不能理解爲"相國",那麽印文到底是什麽意思呢?要回答這個問題,筆者認爲先得從如下三方帶"邦"字的楚國官印入手:

(1)筥(竹)邦率(帥)鉩。 (《鑒印山房藏古璽印菁華》1號)

(2)新邦官鉩。 (《古璽彙編》0143號)

(3)弋昜(陽)邦栗鉩。 (《古璽彙編》0276號)

這三方印的文字有一個共同特點,即"邦"字前面都是地名。

像(1)一樣用作地名的"筥",還見于包山楚簡237、241號①,新蔡故城封泥。②《説文》説"筥"從"㐭(亯)","竹"聲。筆者曾在一篇小文裏指出,地名"筥"應該讀爲"竹",即《漢書·地理志》沛郡屬縣的"竹",位于今天安徽宿州市北的符離集附近,其地在戰國時期屬于楚國東北邊境。③

(2)中的"新"字,原文作"新",從"斤","辛"聲,即"新"字的异體。印文中"新"是地名。楚國以"新"爲地名的有兩個。其一,秦《詛楚文》:"今楚王熊相……率諸侯之兵以臨加我……取吾邊城新、鄭及鄢(於)、長(商)、親。"④"新、鄭"二字舊連讀,以爲一地,今據秦封泥"新右尉印""鄢采金丞"和"鄢采金印"⑤,當是兩地。此"新"的地理位置不詳。其二,《左傳》莊公十年:"秋九月,楚敗蔡師于莘,以蔡侯獻舞歸。"清華大學藏戰國竹簡《繫年》26號記此事,"莘"

---

① 湖北省荆沙鐵路考古隊:《包山楚簡》,圖版一〇六,北京:文物出版社,1991年。

② 周曉陸、路東之:《新蔡故城戰國封泥的初步考察》,《文物》2005年第1期,第57頁,圖一一.5、6,封二.3。許雄志:《鑒印山房藏古封泥菁華》,1~12號,鄭州:河南美術出版社,2011年。

③ 李家浩:《鄂君啓節銘文中的高丘》,《古文字研究(第二十二輯)》,北京:中華書局,2000年,第139~140頁。

④ 《詛楚文》的地名"長"讀"商",據孫常叙説。見孫氏《楚辭〈九歌〉整體解系》,長春:吉林教育出版社,1996年,第542~543頁。

⑤ 任紅雨:《中國封泥大系》上册,01431~01440、03687號,杭州:西泠印社,2018年。

真山楚國官印文字的復原和解釋

作"新"。① 此"新(莘)"原爲蔡邑,楚滅蔡後當歸楚所有。《左傳》莊公十年《經》楊伯峻注:"莘,蔡地,當在今河南省汝南縣境。"②據《漢書·地理志》南陽郡屬縣"舞陰"班固自注和《水經注·溵水注》,在上蔡的東邊有一條溵水經過,向南流入汝水。"溵"從"親"聲,而"親""新"都從"親"聲。頗疑"新(莘)"當在溵水邊。(2)中的"新"當是這兩個"新"地當中的一個,至于到底是哪一個,很難確定。舊把"新邦"讀爲"親邦",謂與"屬邦"同義,非是。

(3)中的"弋昜"是合文,此從吳振武先生所釋。吳氏說:"'弋昜'是地名,即弋陽。《漢書·地理志》汝南郡有弋陽縣,地在今河南潢川縣西,戰國時屬楚。"③《古璽彙編》0002號"邔(弋)昜(陽)君鉨",亦可以參看。

據以上所說,(1)至(3)中三地的地理位置都在楚國邊境。(1)中的"竹"位于楚國東北邊境,(2)中的"新"、(3)中的"弋陽"位于楚國北方邊境。

(1)至(3)三方楚印中的"邦",除前面冠以地名這一特點之外,還有一個特點,即後面綴以職官名。(1)中的"率"用爲"帥",這是沒有問題的。《左傳》昭公六年叔向詒子產書有"猶求聖哲之上、明察之官"之語,楊伯峻注:"官謂主事之官。"④疑(2)中的"官"即用此義。這似乎也沒有什麼問題。問題是(3)中的"栗"。⑤ 從語言學的角度來說,(3)中的"栗"與(1)中的"率"、(2)中的"官"所處的語法位置相同,說明"栗"的意思跟"率(帥)""官"類似。但是,"栗"沒有這一類的意思,它很可能是一個假借字。"率"除了讀如"帥"的音之外,還有讀如"律"的音。這一讀音與"栗"的上古音相近,它們分別屬來母物部和來母質部。兩者的聲母相同,韻部相近。古代物、質二部關係密切,有合韵、通假的例子。不知(3)中的"栗"是否應該讀爲"率",假借爲"帥"。

以上談的是(1)至(3)三方楚印"邦"字之前的地名和之後的職官名,現在

---

① 清華大學出土文獻研究與保護中心編,李學勤主編:《清華大學藏戰國竹簡(貳)》,上海:中西書局,2011年,上册,第52頁,下册,第174頁。
② 楊伯峻:《春秋左傳注》(修訂本),北京:中華書局,1993年,第一册,第181~182頁。
③ 吳振武:《古璽合文考(十八篇)》,《古文字研究(第十七輯)》,北京:中華書局,1989年,第269頁。
④ 楊伯峻:《春秋左傳注》(修訂本),第四册,第1274頁。
⑤ 說明一下,(3)中的"栗"與《古璽彙編》0160號"群栗客鉨"和3100號"栗□"之"栗"當非一字,前者從"木",後者從"禾"。學者多認爲"栗"是"粟"字的異體。

着重來談"邦"字在這裏是什麽意思。

(1)至(3)三方楚印中的"邦"字,跟《古璽彙編》0302號"脩武鄲(縣)吏"的"縣"所處的語法位置相同,似一個行政區單位。秦的行政區郡一級的地方職官有名"邦某"的,如見于秦璽印、封泥、簡牘的"邦尉""邦侯""邦司馬""邦司空"等。① 在郡級"邦某"一類職官中,還冠有郡名,如下録秦封泥:

  (4)南陽邦尉。 (《中國封泥大系》02139、02140號)

《漢書·地理志》説南陽郡是秦置的,與(4)相合。里耶秦簡8-461號木牘也有關于郡級職官"邦尉""邦司馬"的記載。此牘横着分兩欄書寫,内容是有關一些文字、語言使用的規定。第二欄關于用語方面的規定説:②

  騎邦尉爲騎校尉。③
  郡邦尉爲郡尉。
  邦司馬爲郡司馬。

據此,秦把郡級職官稱爲"邦某",是在秦始皇統一六國之前。也就是説,秦在秦始皇統一六國之前,把郡一級的行政區或稱爲"邦",郡一級的職官或稱爲"邦某"。

雖然秦始皇統一六國之後,把"邦"改稱爲"郡",但大概由于秦統一六國的時間短暫,在語言裏仍然殘留把"郡"稱爲"邦"的習慣,所以,傳世漢和漢以後的文獻裏,偶爾還可以看到把"郡"稱爲"邦"的情况:

  常山王有罪,遷,天子封其弟于真定,以續先王之祀,而以常山爲郡,然後五岳皆在天子之邦。 (《史記·封禪書》)

  自州郡中正品度官才之來,有年載矣……所求有路,則修己家門者,已不如自達于鄉黨矣。自達鄉黨者,已不如自求之于州邦矣。 (《三國志·魏書·諸夏侯曹傳》)

  蓋竹亦大,薄肌白色,生江南深谷山中,不聞人家植之,其族類動有頃

---

① 王偉:《秦璽印封泥職官地理研究》,北京:中國社會科學出版社,2014年,第89～95頁。
② 湖南省文物考古研究所:《里耶秦簡〔一〕》,北京:文物出版社,2012年,圖版第68～69頁,釋文第33頁。
③ "校"字從郭永秉先生所釋。見郭氏《古文字與古文獻論集續編》,上海:上海古籍出版社,2015年,第392～396頁。

畝。《典錄·賀齊傳》云:"討建安賊洪明于蓋竹。"蓋竹以名地,猶酸棗之名邑,豫章之名邦者類是也。 (《竹譜》)①

上引"然後五岳皆在天子之邦"之"邦",《史記·孝武本紀》《漢書·郊祀志》都作"郡"。可見此處的"邦"指郡。中華書局出版的標點本《史記》據《孝武本紀》和《郊祀志》把"邦"字改作"郡",非是。在此需要指出的是,《孝武本紀》出自後人所補。《孝武本紀》裴駰《集解》引張晏曰:"《武紀》,褚先生補作。"司馬貞《索隱》:"褚先生補《史記》,合集武帝事以編年,今止取《封禪書》補之,信其才之薄也。"《孝武本紀》把"邦"改作"郡",當是補者所爲。

上引"已不如自求之于州邦矣"之"州邦"與"已不如自達于鄉黨矣"之"鄉黨"對言,跟上文"自州郡中正品度官才之來"之"州郡"同義,泛指"鄉黨"上一級地方。

上引《典錄》即《會稽典錄》,魯迅輯錄的《會稽郡故書雜集》中的《會稽典錄》收有這條佚文。② 賀齊討洪明之事,見《三國志·吳書·賀齊傳》。"豫章之名邦"即"豫章之名郡"的意思,"邦"與"郡"同義。《水經注》卷三十九《贛水注》引應劭《漢官儀》曰:"豫章,章樹生庭中,故以名郡矣。"

上引傳世文獻資料的年代,當以《竹譜》最晚。《竹譜》舊題"晋戴凱之撰",但是書中引有徐廣《雜記》,徐廣死于南朝宋文帝元嘉二年(425 年)。如果《竹譜》中像這樣晚的文字不是後人附益,那麼戴凱之應該是南朝劉宋時(420—479 年)人。這説明至遲在劉宋時期還保存把"郡"稱爲"邦"的習慣。

春秋時期③,秦、晋、楚等大國爲了强化中央集權,加强對地方的控制能力和提高邊防防禦能力,往往把兼并的小國改置爲縣。郡的設置略晚於縣。郡設在新得到的邊地,因地廣人稀,土地面積遠遠比縣還要大。到了戰國時期,隨着社會經濟的發展,邊境的郡也逐漸繁榮起來,于是在郡之下逐漸設置若干縣。因郡設于邊地,擔負邊防軍事重鎮的作用,所以郡的首長叫作守。

---

① 《魯迅輯錄古籍叢編》第四卷,北京:人民文學出版社,1996 年,第 601 頁。
② 《魯迅輯錄古籍叢編》第三卷,第 276 頁。
③ 以下關于縣郡制和封君制的叙述,參考楊寬《戰國史》(增訂本),上海:上海人民出版社,1998 年,第 226~231、59~269 頁。

戰國時期,除了郡縣制外,還有封君制。這時的封君制是從屬于郡縣制的。早期,往往把新得到的邊地作爲封君的食邑,食邑的性質實際上相當于郡,封君身份實際相當于郡守。封君的稱號包括"君"和"侯",所以封君與列侯可以通稱。後文(7)中鼎銘的"坪安君",同墓出土漆圓盒銘文作"坪安侯"①,可以證明這一點。顧頡剛據《史記·吳起傳》關于吳起在魏"以爲西河守"和"封……爲西河守"等記載②説:"此可見戰國時之郡實含有封國性質,守郡之將實等'邊侯'。"③嚴耕望在談戰國郡縣制時,也有類似的觀點,他説:"別封之國即郡之比。"④

根據以上所説,戰國時期,不論是郡縣制也好,還是封君制也好,都可以導致把"郡"一級行政區稱爲"邦",把郡一級的職官稱爲"邦某"。古代稱國爲"邦"。因爲郡是兼并邊境的小國而設置的,所以在郡設置的早期,把郡一級的行政區稱爲"邦"。據後文(7)坪(平)安君鼎銘文,封君的食邑也稱爲"邦",漢代因避劉邦名諱而改稱"國"。⑤《漢書·百官公卿表》説:"列侯所食縣曰國。"不過據顧頡剛對"郡"字本義的説法,把"郡"一級行政區稱爲"邦",似乎與封君制的關係更大一些。《説文》邑部説,"郡"從"君"聲,所以九店楚簡《叢辰》26號和銀雀山漢簡《起師》1170號正面都以"君"爲"郡"。⑥顧頡剛認爲"郡"字從"君"還表意,"即封君之義"。⑦《廣雅·釋詁四》和《篆隸萬象名義》邑部把"郡"訓爲"國",看來是有道理的。

---

① 駐馬店地區文管會、泌陽縣文教局:《河南泌陽秦墓》,《文物》1980年第9期,第20頁圖一二。
② 《史記·吳起傳》在"封……爲西河守"之後,記公叔之僕對公叔曰,有"夫吳起……侯之國小"之語。敦煌寫本《春秋後語》(伯2589號)、《資治通鑒·周紀一》"侯"皆作"君"(參看王叔岷《史記斠證》第四册,北京:中華書局,2007年,第2081頁)。據此,頗疑"封……爲西河守"之"守"是"侯"或"君"之誤。
③ 《顧頡剛讀書筆記》卷八,北京:中華書局,2011年,第4頁"吳起封爲西河守即邊侯"條。
④ 嚴耕望:《中國地方行政制度史——秦漢地方行政制度》,上海:上海古籍出版社,2007年,第4頁。
⑤ 《呂氏春秋·上德》把楚陽城君的食邑稱"國",當是出自後人所改。
⑥ 湖北省文物考古研究所、北京大學中文系:《九店楚簡》,北京:中華書局,2000年,第7、48頁,80頁考釋〔七六〕。銀雀山漢墓竹簡整理小組:《銀雀山漢墓竹簡〔貳〕》,北京:文物出版社,2010年,第27、154頁注〔一〕。
⑦ 《顧頡剛讀書筆記》卷八,第4頁"吳起封爲西河守即邊侯"條。

楚國在戰國時期也設置有郡。《史記·甘茂傳》記范環對楚懷王説:"王前嘗用召滑于越,而内行章義之難,越國亂,故楚南塞厲門而郡江東。"①《戰國策·楚策一》"城渾出周章"説,楚懷王"以新城爲主郡"。《史記·屈原傳》記載:"懷王以不知忠臣之分……兵挫地削,亡其六郡。"《史記·楚世家》記載,楚頃襄王二十三年(前 276 年),"複西取秦所拔我江旁十五邑以爲郡"。《史記·春申君列傳》記楚考烈王十五年(前 248 年),春申君黄歇謂楚王曰:"淮北地邊齊,其事急,請以爲郡,便。"考烈王許之。《鶡冠子·王鈇》説楚國郡縣制,"十縣爲郡,有大夫守焉"。

據以上所述,楚國在戰國時期已設置郡,大概楚國跟秦一樣,也把郡一級的行政區稱爲"邦",郡一級的職官稱爲"邦某"。説到這裏,大家不難看出楚印(1)至(3)與秦封泥(4)的文字有許多共同之處:第一,文例相同,都是"地名+邦某";第二,地名代表的都是邊邑;第三,職官第一字都是"邦"。據此三點,筆者認爲楚印"邦帥""邦官"等猶秦封泥"邦尉",當是鎮守邊郡的地方長官。

我們已知(1)至(3)真山楚印文字中的"邦"相當於郡一級的行政區,"邦帥""邦官"等是鎮守邊郡的地方長官,再回過頭來看真山楚印文字,就容易理解其内容了。

真山楚印"上相邦"之"邦",顯然跟(1)至(3)楚印的"邦"一樣,也應該相當于郡一級的行政區。像這種用法的"邦",不僅見於秦楚文字,還見於下録(5)燕國官印和(6)齊陳璋壺:

(5)晌忧邦。　(《古璽彙編》0329 號)

(6)惟王五年……陳璋内(入)伐匽(燕)鬱邦之獲。　(《殷周金文集成》09703 號)

《殷周金文集成》著録的 09975 號鑘銘文與(6)相同。銘文内容説的是齊

---

①　《戰國策·楚策一》"楚王問于范環"章記此事,"厲門"作"瀨湖","郡"作"野"。

潛(湣)王五年(前296年)齊伐燕之事。① 這裏以壺銘(6)爲代表,把它與燕印(5)放在一起加以討論。

(5)中的"晍"字原文所從"舟"旁作潮水之"潮"的象形初文。筆者有一篇小文曾談到這個偏旁②,此不贅言。何琳儀先生説:"燕璽'晍悅',地名。疑讀爲'壽光',見《漢書·地理志》北海郡,在今山東壽光東北。公元前二八四年,燕將樂毅攻占齊國七十餘城,長達五年之久。故'壽光'一度屬燕。"③

(6)中的"鬱"字原文殘泐④,從殘畫看,上半部分作"夻",從"大"從"冖",是可以肯定的。疑"夻"是甲骨文、金文"燓"的省變,"夻"所從"勹"的寫法跟齊國封泥"梟囗江"之"梟"所從"勹"十分相似⑤,大家不妨比較。古文字"樊"作"舜"或"羿"⑥,"野"作"壄"或"壬"。⑦"夻"與"燓"的關係,猶"羿"與"舜"、"壬"與"壄"的關係。"燓"是"鬱"字上半部分"欞"所從出。⑧ 如果此説不誤,壺銘這個從"夻"的字可能就是"鬱"字的異體。爲了便于識讀,所以釋文把此字徑釋作"鬱"。

據《戰國策》的《齊策二》"權之難齊燕戰"章和《燕策一》"權之難燕再戰不

---

① 唐蘭:《司馬遷所没有見過的珍貴史料——長沙馬王堆帛書〈戰國縱横家書〉》,《戰國縱横家書》,北京:文物出版社,1976年,第141~142頁注19;《唐蘭全集》第四册,上海:上海古籍出版社,2015年,第1835頁注〔一九〕。楊寬:《戰國史料編年輯證》,上海:上海人民出版社,2001年,第696~698頁。壺銘于紀年之後,還有"孟冬戊辰"之語。學術界或據此記時説,曆表湣(閔)王五年"孟冬"没有"戊辰"。這種説法是靠不住的。曆表是後人推算出來的,不一定符合當時曆法的實際情況,當時曆法的實際情況如何,我們并不清楚。

② 李家浩:《楚王孫舟兵器與競之舟鼎》,見趙平安主編,石小力副主編:《訛字研究論集》,上海:中西書局,2019年,第133~135頁。

③ 何琳儀:《戰國古文字典——戰國文字聲系》上册,北京:中華書局,1998年,第185頁上欄。

④ 關于此字字形,可以參看董珊、陳劍:《郾王職壺銘文研究》,《北京大學中國古文獻研究中心集刊(第三輯)》,北京:北京大學出版社,2002年,第48頁。

⑤ 孫慰祖主編:《古封泥集成》,上海:上海書店出版社,1996年,6號。任紅雨:《中國封泥大系》,上册,0064號。

⑥ 徐在國、程燕、張振謙編:《戰國文字字形表》上册,上海:上海古籍出版社,2017年,第359~360頁。

⑦ 徐在國、程燕、張振謙編:《戰國文字字形表》下册,第1870~1872頁。

⑧ 于省吾:《甲骨文字釋林》,北京:中華書局,1979年,第306~308頁。

勝"章,齊湣(閔)王五年伐燕之戰的地點是在"權"。① 上古音"鬱"屬影母物部,"權"屬群母元部,影群二母都是喉音,物元二部字音有關係,就拿"鬱"字來說,它與元部的"宛""苑""冤"等字相通②,就是很好的證明。據筆者研究,"梵(鬱)"本從讀如元部"宛"音的"勹"得聲。③ 值得注意的是,"宛"與"權"還有間接通用的例子。④ 據此,頗疑"鬱邦"應該讀爲"權邦"。

燕國在戰國時期也設置有郡。《戰國策·燕策二》"昌國君樂毅爲燕昭王會五國之兵而攻齊"章記載,燕將樂毅攻齊,"下七十二餘城,盡郡縣之以屬燕"。⑤《史記·匈奴列傳》記載燕將秦開襲破東胡,"置上谷、漁陽、右北平、遼西、遼東郡以拒胡"。

(5)燕印和(6)壺銘的"邦",也應該相當于郡一級的行政區。如果"盷悅"確實像何琳儀先生所說是齊地"壽光",那麽"盷悅邦"當是燕將樂毅攻齊所"下七十二餘城,盡郡縣之"之中的一個郡。

三晋文字中也有地名後帶"邦"字的資料。1978 年河南泌陽官莊北崗 3 號秦墓出土一件平安君鼎,器蓋同銘。⑥ 上海博物館也收藏一件平安君鼎,銘文與之大同小異。⑦ 這裏以泌陽平安君鼎銘文爲代表:

(7)二十八年,坪(平)安邦司客。載四分齋一鎰十釿半釿四分釿之重。

三十三年,單父上官塚子悳所受坪(平)安君者也。

鼎的銘文是兩次刻上去的。二十八年是"平安邦司客"爲"平安君"鑄

---

① 徐中舒:《論〈戰國策〉的編寫及有關蘇秦諸問題》,《歷史研究》1964 年第 1 期,第 147~150 頁;《徐中舒歷史論文選集》下冊,北京:中華書局,1998 年,第 1203~1208 頁。
② 高亨:《古字通假會典》(董治安整理),第 161 頁【宛與鬱】【苑與鬱】、162 頁【冤與鬱】條,濟南:齊魯書社,1989 年。
③ 李家浩:《甲骨文北方神名"勹"與戰國文字從"勹"之字——談古文字"勹"有讀如"宛"的音》,《文史》2012 年第 3 輯,第 36~39 頁。
④ 高亨:《古字通假會典》(董治安整理),第 161 頁【宛與婠】【捥與捐】、164 頁【觀與館】【觀與官】【玃與道】、165 頁【灌與涫】條。
⑤ 此事亦見《史記·樂毅傳》。
⑥ 駐馬店地區文管會、泌陽縣文教局:《河南泌陽秦墓》,《文物》1980 年第 9 期,第 18 頁圖七。中國社會科學院考古研究所:《殷周金文集成》(修訂增補本)第二冊,北京:中華書局,2007 年,02793 號。
⑦ 中國社會科學院考古研究所:《殷周金文集成》(修訂增補本)第二冊,02764 號。

造的時間①,三十三年是"平安君"撥給"單父上官塚子"使用的時間。"單父"位于今天山東省菏澤市單縣,原來屬魯,戰國時期屬衛,魏滅衛後歸魏所有。"二十八年""三十三年",是魏安釐王的紀年,即公元前249年、前244年。②"平安君"是魏的封君,"平安邦"指平安君的封地,"單父"當是"平安邦"下所屬的縣邑。

"平安"的地理位置當距"單父"不會太遠。《漢書·地理志》千乘郡和廣陵國都有平安縣,但距單父較遠。"單父"在《漢書·地理志》屬山陽郡。山陽郡有屬縣"平樂",漢元帝時曾爲梁敬王子侯國,位于單父東四十里。古代"安""樂"互訓。③ 不知"平樂"是否爲"平安"的改名。

前面說過,戰國時期封君制,是從屬于郡縣制的,封君的食邑實際上相當于郡。關于這一點,還可以通過樂毅被封爲昌國君的歷史,加強瞭解。在談(5)(6)中相關文字的時候,曾提到燕將樂毅伐齊。因樂毅伐齊有功,燕昭王把樂毅伐齊所"下七十二餘城,盡郡縣之"之中的"昌國"封給他,號爲昌國君。④

說到這裏,有必要對前面(3)的"弋陽邦栗鉨"與"邔(弋)陽君鉨"兩印的關係說明一下。"弋陽邦栗鉨"與"邔(弋)陽君鉨"有兩點不同:第一,"邔陽君鉨"有十字界欄,而"弋陽邦栗鉨"没有;第二,"弋陽邦栗鉨"之"弋陽"與"邔陽君鉨"之"邔陽"的寫法不同。據此兩點,"弋陽邦栗鉨"的年代要比"邔陽君鉨"的年代晚,"弋陽邦"與"邔陽君"的關係跟"平安邦"與"平安君"的關係不同,不能混爲一談。

---

① "司客"是職官名,亦見于洛陽金村方壺等,相當于《周禮·地官》中的"掌客"。對此,朱德熙先生和裘錫圭先生合寫的《戰國時代的"料"和秦漢時代的"半"》一文曾經論及(《文史》第八輯,北京:中華書局,1980年,第4頁;《朱德熙古文字論集》,北京:中華書局,1995年,第118~119頁),大家可以參看。

② 李家浩:《戰國時代的"塚"字》,《語言學論叢(第七輯)》,北京:商務印書館,1981年,第117頁注2;《著名中年語言學家自選集·李家浩卷》,合肥:安徽教育出版社,2002年,第7頁注②。黄盛璋:《新出信安君鼎、平安鼎的國別年代與有關制度問題》,《考古與文物》1982年第2期,第56~58頁。

③ 宗福邦、陳世鐃、蕭海波主編:《故訓匯纂》,北京:商務印書館,2003年,第1146頁"樂"字注,第560頁"安"字注。

④ 《史記·樂毅列傳》《水經注·瓠水注》。

真山楚印"上相邦"與"盱悅邦"等文例相同,"邦"前的"上相"二字,當跟"盱悅"以及(1)中的"筲(竹)"、(2)中的"新"、(6)中的"鬱"、(3)中的"弋昜(陽)"、(4)中的"南陽"、(7)中的"平安"一樣,也應該是地名。古代地名往往冠以方位詞"上",如"上蔡""上都""上邦""上邳""上曲陽"等。"上相"跟這些地名同類。"相"本來屬于宋國。《水經注》卷二十四《睢水注》:"相縣,故宋地也。秦始皇二十三年以爲泗水郡,漢高祖四年改曰沛郡……相縣故城……宋共公之所都也。"公元前286年齊湣(閔)王滅宋①,之後"楚得其沛"②,"相"爲楚所有。《戰國策·秦策四》"説秦王曰"章記黃歇説秦昭王曰:

　　秦、楚之兵,構而不離,魏氏將出兵而攻留、方與、銍、胡陵、碭、蕭、相,故宋必盡。

高誘注:"七邑,宋邑也。宋,戰國時屬楚,故言'故宋必盡也'。""相"歸楚後,楚把"相"改置爲縣。相公子矰戈銘文説:

　　□恳歲,相公子矰之告(造)。　　(《殷周金文集成》11285號)

從銘文的字體和内容來看,這件戈顯然是楚國兵器。"□恳"當是其他國家使者的名字。"□恳歲"是紀年,是"□恳聘楚之歲"之類的省略説法。③"相公"之"公"是縣公,是楚國縣的長官。《淮南子·覽冥訓》高誘注:"楚僭號稱王,其守縣大夫皆稱公。""子矰"是"相公"的名字。

我們雖然未見地名"上相",但是有地名"下相"。《史記·項羽本紀》"項籍者,下相人也",司馬貞《索隱》引應劭云:"相,水名,出沛國。沛國有相縣,其水下流,又因置縣,故名下相也。"相縣在《漢書·地理志》中屬沛郡,位于今天安徽淮北市濉溪縣西北。下相在《漢書·地理志》中屬臨淮郡,位于今天江蘇宿遷市西南。下相見于秦封泥④,當是先秦舊名。

古代地名冠"下"的,往往是對"上"而言的。如前面所説的"上蔡""上都""上邦""上邳""上曲陽",與之相對的有"下蔡""下都""下邦""下邳"

---

① 楊寬:《戰國史》(增訂本),第388～390頁。
② 《漢書·地理志下》語。
③ 李家浩:《楚大府鎬銘文新釋》,《著名中年語言學家自選集·李家浩卷》,第118～120頁。
④ 任紅雨:《中國封泥大系》上册,03529、03530號。

"下曲陽"。中國地勢是西北高,東南低,所以河流多是從西北向東南流。地名"下某"往往位于"上某"的東南。例如蔡國都城位于現在河南駐馬店市上蔡縣,蔡昭侯遷都至東邊的州來(位于今天安徽淮南市鳳臺縣),名遷都之地爲"下蔡",名原都之地爲"上蔡"。又如邳本在今天江蘇徐州市邳州,後遷于薛,原地在南,新地在北,因名前者爲"下邳",後者爲"上邳"。"相"對"下相"而言,當然是"上相"。據此,筆者認爲真山楚印"上相"是地名,即原爲宋、後屬楚的"相"。

據以上所説,"相"在上引相公子矰戈的時候還是一個縣,到了真山楚印的時候不僅改稱"上相",而且改置郡。"相"位于淮水之北。上録(1)璽印中的"竹"位于"相"東南約90里處,也在淮水之北。上引《史記·楚世家》説考烈王在公元前248年聽從黄歇建議,在淮北置郡,"上相"郡和"竹"郡或許就是那個時候設置的。

學術界所説的官印,按照性質大致可以分爲官名印和官署印兩類。王獻唐《官名官署印制之變遷》開頭對這兩類官印作了很好説明,他以當時的官印作例子,説:"今世官印,約有二式:一爲官署印,以官署名稱爲文,如教育部印、内政部印是也。一爲官名印,以職官名稱爲文,如教育部部長、内政部部長諸印是也。"①上録(1)至(3)三印和(4)封泥的"邦"尾有職官名,當屬官名印;真山楚印和(5)燕印的"邦"後没有職官名,當屬官署印。也就是説,"上相邦鈢"印是鎮守"上相"這個邊郡的地方官署所用的印。于此可見,真山 D1M1 號墓主生前是鎮守邊郡"上相"這個地方的長官,按照上引《鶡冠子·王鈇》楚國郡縣制的説法,大概是"上相"郡的郡大夫。

總之,筆者認爲真山楚印"上相邦"的語法結構是"上相/邦",而不是"上/相邦";"上相"是地名,即原爲宋地、後屬楚的"相",爲了區别"下相",故稱之爲"上相";"邦"相當于"郡"一級的行政區。"上相邦鈢"印是鎮守楚國邊郡"上相"的官署所用的印,D1M1 號墓主人生前曾任這個邊郡官署的長官。于此可見,"上相邦"跟職官"相邦"毫無關係,"上相邦鈢"跟春申君也毫無關係,出此

---

① 王獻唐:《五鐙精舍印話》,濟南:齊魯書社,1985年,第388頁。

印的 D1M1 號墓的主人更不會是春申君,這是不言而喻的。

附記:《金薤留珍》(1926 年)第五册《府集》著録一枚戰國朱文"邦危"小方璽,據第一册《東集》目録注"壇鈕"。施謝捷先生博士學位論文《古璽彙考》(安徽大學,2006 年 5 月)第 131 頁收有此璽,第 129 頁還收有一方朱文"州危"小方璽。"邦危""州危"二璽,謝先生認爲是三晉官璽,程燕教授也認爲是三晉官璽(《戰國典治研究——職官篇》,合肥:安徽大學出版社,2018 年,下册,第 477～478 頁),甚是。此二璽"危"字原文作古文"危",見丁佛言《説文古籀補補》附録第 13 頁(北京:中華書局,1988 年,總第 69 頁上欄),疑讀爲官名"尉",參看王獻唐《國史金石志稿》(王文耀整理校記)第 3689 頁(青島:青島出版社,2004 年)、大西克也《試論上博楚簡〈緇衣〉中的"䧹"字和相關諸字》(張光裕主編《第四屆國際中國古文字學研討會論文集》,香港中文大學中國語言及文學系,2003 年,第 338～348 頁)和李家浩《戰國官印考釋三篇》(《出土文獻研究(第六輯)》,上海:上海古籍出版社,2004 年,第 19 頁)。"州危(尉)"之"州"當是行政區單位。"邦危(尉)"璽與"州危(尉)"璽的璽面大小相近,文例相似,"邦危(尉)"之"邦"也應該是行政區單位。戰國時期,三晉設置有郡(參考楊寬《戰國史》,上海:上海人民出版社,1998 年,第 223～229、677～678 頁)。"邦危(尉)"當是本文所録(4)"南陽邦尉"秦封泥之"邦尉",指郡尉。

2021 年 1 月 12 日

(李家浩:安徽大學漢字發展與應用研究中心,230039,合肥)

新鄭新出陶文擷英

樊温泉　張新俊

〔摘　要〕　2014年以來，新鄭市鄭韓故城出土了不少戰國晚期的韓國陶文。我們從中選出"肙(尹)頤""肙(尹)快""肙(尹)頜""王牙""馬倍""馬會""彭助"等九方陶文，并對相關的文字作了考釋。

〔關鍵詞〕　新鄭　陶文　頤　頜　王牙　會

爲了配合基建工程，2014年以來，河南省文物考古研究院新鄭工作站先後在新鄭市新京藍苑、市委黨校、瑞星金座、盛世家園等考古工地發掘出數量衆多的戰國陶文。這批陶文對于研究戰國晚期的语言文字、文化交流、社會經濟、書法藝術等都具有重要價值，目前這批陶文正在積極整理當中。我們從衆多陶文中精選出幾方精品，并略作考釋。不當之處，敬請專家批評指正。

一、肙頤

2017年新京藍苑Ⅱ區T5G1出土。泥質灰陶，陶盆，殘片長13厘米、寬4

厘米。釋文：䪴。

文字刻在陶盆的口折沿上，上一字已經殘去。餘下一字左上方稍有殘損，右邊從"頁"，左邊從"困"，可以釋作"䪴"。《說文》："䪴，無髮也。一曰耳門。"我們最初推測左邊的"困"形，似乎也有可能是"囷"形，因爲"頤"與"䪴"是異體關係見《正字通·頁部》。後來我們在 2005 年新鄭倉城路 T13H63：3 出土的陶盆口沿上，找到一處字迹完整的同名陶文：

"肙䪴"兩字十分清晰。現在可以確定，那件殘缺的陶盆口折沿上的文字，應該就是"肙䪴"二字。"䪴"是戰國文字中的新見字。

在以往出土的新鄭陶文中，"肙（尹）"姓陶工衆多，如"尹晋"（《陶文圖錄》①5.10.3）、"尹□"（《陶錄》5.10.1）、"尹忩"（《陶錄》5.10.2）、"尹□"（《陶錄》5.10.4）、"尹騎"（《陶錄》5.11.1、5.11.2）、"尹萃"（《陶錄》5.11.3、5.11.4）、"尹月那"（《陶錄》5.12.1）、"尹策"（《陶錄》5.12.3）、"尹□"（《陶錄》5.12.2）、"尹邨"（《陶錄》5.13.3）、"尹危"②"尹焦""尹固""尹履"③等。

二、肙（尹）快

---

① 王恩田編著：《陶文圖錄》，濟南：齊魯書社，2006 年。爲稱引簡便起見，以下簡稱"《陶錄》"。
② 劉秋瑞：《新見陶文考釋九則》，《中國文字研究（第二十七輯）》，上海：中國書店，2018 年，第 51 頁。
③ 徐在國編著：《新出古陶文圖錄》，合肥：安徽大學出版社，2018 年，第 453～458 頁。

2018年出土于新鄭市委黨校 T16H39:11,泥質灰陶,陶盆,殘長 11 厘米、寬 6 厘米。釋文:肙(尹)快。

"尹快"二字刻寫在盆口折沿上。同出于新鄭的 98:ZHⅡ中行 T658H2059:1 號陶文,刻寫在陶罐的肩部,可惜僅僅殘留一個"快"字。① 該陶文如下:

　　（摹本）

這兩件陶器上的"快"字,寫法幾乎一樣。據此可以推測,編號爲 98:ZHⅡ中行 T658H2059:1 的陶文,"快"上所缺之字可能也是"肙(尹)"字,同一個陶工的名字出現在不同的器物上,在新鄭陶文中也是很常見的現象。

三、肙(尹)頛

2018年出土于新鄭市委黨校 T17H56:14,泥質灰陶,陶盆,殘片長 20 厘米、寬 12 厘米。釋文:肙尹頛。

"肙尹頛"二字刻寫在盆口折沿上。"頛"字亦爲戰國三晋文字中首見文字。《説文》:"頛,顢頛也。從頁,卒聲。"段玉裁《説文解字注》説:

　　許書無"顢"篆,大徐增之,非也。錢氏大昕曰:"面部之䫲,當是正字。"《小雅》"或盡瘁事國",傳云:"盡力勞病以從國事。"《左傳》引《詩》曰:"雖有姬姜,無棄蕉萃。"杜曰:"蕉萃,陋賤之人。"《楚辭·漁父》:"顔色憔

---

① 劉秋瑞:《新見陶文考釋九則》,《中國文字研究(第二十七輯)》,第 50 頁。

悴。"王曰："肝徽黑也。"班固《答賓戲》："朝而樂華,夕而焦瘁。"其字各不同,今人多用憔悴字。許書無憔篆,悴則訓憂也。①

從戰國陶文"頯"字來看,大徐補出"顀"字,很有可能是正確的。

四、王牙

2018 年出土于新鄭市委黨校 T17H56,泥質灰陶,陶盆,殘長 20 厘米、寬 4.5 厘米。釋文:王牙。

"王牙"二字刻在陶盆口部折沿上。"牙"字上從"牙",下從"齒",相同寫法的"牙"字,見於《說文》"牙"字古文。"牙"是古今常見的人名,不煩舉例。"王牙"還見於《古璽彙編》第 0412 號。除此之外,出土戰國文獻中用作人名的"牙",多于三晉璽印文字,如《古璽彙編》第 0956 號的"肖牙"、第 2503 號的"連牙",《集粹》160 號的"上官牙",《古璽彙考》111 頁的"□牙官"等。② 漢印文字中有"李牙"。③

在已經發表的陶文資料中,有如下三例陶文:

a.　　　　　　b.　c.

《陶文圖錄》5.14.1　　《中原文物》1986 年第 1 期圖一

---

① 段玉裁:《說文解字注》,上海:上海古籍出版社,1981 年,第 421 頁。
② 湯志彪:《三晉文字編》,北京:作家出版社,2013 年,第 277 頁。
③ 羅福頤著:《增訂漢印文字徵》,北京:紫禁城出版社,2010 年,第 94 頁。

陶文 a 著録于王恩田先生《陶録》5.14.1，b、c 兩件最早發表于蔡全法先生《近年來新鄭"鄭韓故城"出土陶文簡釋》一文的圖一.30。[①] 陶文 b 1984 年出土于新鄭西城 T23H51，泥質灰陶，文字鈐印于盆口折沿上，蔡文釋爲"三牙"。陶文 c 1984 年出土于東城 T7 三層，鈐印于陶罐肩部，蔡文釋爲"二牙"。蔡文謂"三牙、二牙，不但所出器形不一，而又出之异處，相距約十華里，文字風格却相同，這些生活用器應是一地生産的，也可能是兩弟兄的産品"。王恩田先生《陶録》則將"王牙"釋作"亞牙"。[②] 如今從新鄭市委黨校出土的更爲清晰的陶文上，我們知道所謂"三牙""二牙""亞牙"，都是圖版不够清晰所導致的誤釋，應該改釋作"王牙"。從陶文的形體和書寫風格來看，這幾個"王牙"無疑出自一人之手，當爲同一個人。

五、馬倍

2018 年出土于新鄭市委黨校 T20H27：10，泥質紅陶，陶釜，殘長 15 厘米、寬 11 厘米。釋文爲：馬倍。

"馬倍"二字刻在釜的肩部。《説文》："倍，反也。從人，咅聲。""咅，相與語唾而不受也。從乀、否，否亦聲。"戰國文字中的"倍"字有兩種寫法，秦文字是從"人"，"咅/否"聲，如：

（《詛楚文·亞駝》）　　（關沮秦簡）

---

①　蔡全法：《近年來新鄭"鄭韓故城"出土陶文簡釋》，《中原文物》1986 年第 1 期。
②　王恩田編著：《陶文圖録》，第 1746 頁。

這種形體一直被銀雀山漢簡、張家山漢簡中"倍"所承襲。① 但是在楚文字中，都是寫成從"人"、"不"聲的"伓"字。如下面的例子：

伓（郭店簡·忠信之道 3）　　　伓（《上博簡·競建內之》3）

在武威漢簡等文字中，仍有寫作"伓"的現象。② 不少工具書把"伓""倍"分置爲兩個字頭，現在一般的工具書都把從人、音聲字收錄在"倍"下，把從人、不聲字收錄在"伓"下。③ 也有的工具書把這兩種形體都收錄在"倍"下。④ 其實這兩個字是一字之分化。

羅福頤先生《增訂漢印文字徵》另立"伓"字頭小篆，不確，因爲《説文》無"伓"字。《增訂漢印文字徵》"伓"字頭收錄有"伓堪私印""伓救"兩方印⑤，又在"倍"字下收錄"倍成延"印⑥。按照我們的理解，這兩個形體雖然有時候在用字習慣上是有意識地加以區分的，但完全可以合并。

在戰國文字中，人們有把"口"形寫作"山"形的習慣，李家浩先生曾經舉出過很多的例子，如：⑦

所以，新鄭陶文中的"伓"字，也是把"口"形寫成"山"形，它應當就是後世的"倍"字。本陶釜上的"倍"字，寫作伓，從"口"，在文字構形上與楚文字有别，而近乎秦文字。

---

① 駢宇騫編著：《銀雀山漢簡文字編》，北京：文物出版社，2001年，第277頁。楊安編：《銀雀山漢簡文字編續》，待刊稿，第144頁。張守中編著：《張家山漢簡文字編》，北京：文物出版社，2012年，第224頁。
② 徐富昌編撰：《武威漢簡文字編》，臺北："國家出版社"，2006年，第212頁。
③ 劉釗主編：《馬王堆漢墓簡帛文字全編》，北京：中華書局，2019年，第898頁、911頁。徐正考、肖攀編著：《漢代文字編》，北京：作家出版社，2016年，第1180頁、1193頁。
④ 湯餘惠主編：《戰國文字編》（修訂本），福州：福建人民出版社，2015年，第559頁。
⑤ 羅福頤：《增訂漢印文字徵》，第354頁。
⑥ 羅福頤：《增訂漢印文字徵》，第363頁。
⑦ 李家浩：《燕國"泃谷山泉鼎瑞"補釋》，《著名中年語言學家自選集·李家浩卷》，合肥：安徽教育出版社，2002年，第148～159頁。

六、厂馬會

2018 年新鄭瑞星金座 T17H26∶3 出土,泥質紅陶,陶釜,殘長 17 厘米,寬 9 厘米。釋文爲:厂馬會。

"厂馬會"二字刻在陶釜的肩部。"厂馬"是三晋文字中常見的姓氏,以往常見于兵器、璽印。① 何琳儀先生曾經認爲這個字是"馬"加上"厂"形繁化②,恐怕不一定正確。我們認爲"厂馬"也很有可能是三晋文字中"䭪"字的省寫。③ 在新鄭出土的陶文中,"厂馬"姓人名也極爲常見。如"厂馬句""厂馬忐"④"厂馬申""厂馬兑"⑤"厂馬抾"⑥等等。在以往所出土的三晋文字中,"會"字見于中山王鼎(《殷周金文集成》2840),璽印人名則見于《古璽彙編》0854。⑦ 在鄭州出土的陶文中,還有人名"亭・會"(《陶録》5.39.3)。

中國文字博物館收藏的陶文中,有如下一件出土于新鄭的殘陶:⑧

---

① 湯志彪編著:《三晋文字編》,第 1391 頁。
② 何琳儀:《戰國文字通論(訂補)》,上海:上海古籍出版社,2017 年,第 266 頁。
③ 湯志彪編著:《三晋文字編》,第 1394 頁。
④ 王恩田編著:《陶文圖録》,第 1733~1735 頁。
⑤ 徐在國編著:《新出古陶文圖録》,第 442~445 頁。
⑥ 劉剛:《新鄭出土陶文考釋二則》,《中國文字學報(第六輯)》,北京:商務印書館,2015 年,第 110~112 頁。
⑦ 徐在國、程燕、張振謙編著:《戰國文字字形表》,上海:上海古籍出版社,2017 年,第 237 頁。
⑧ 徐在國編著:《新出古陶文圖録》,第 450 頁。

"彭"下一字，舊不識。現在看來，也應該是"會"字。

此外，在新鄭新出土陶器中，還有如下一件殘陶：

2018年新鄭瑞星金座T0409①:17出土，紅陶，陶釜，殘長20厘米，寬9厘米。釋文爲：馬彳。

文字刻在陶釜的肩部。"馬"下一字殘缺，僅僅留下"彳"的殘筆。我們懷疑這個殘字很有可能也是"會"字。

七、馬省

2018年新鄭瑞星金座T0910①:14出土,夾砂紅陶,陶釜,殘長9厘米,寬8厘米。釋文爲:厲省。

"厲省"二字刻在陶釜肩部。由於陶質中混有砂質,所以在刻寫之時,文字筆畫的某些部分出現了泥質崩裂現象。如"省"字的第二、三兩筆。"省"字上從"少",下從"口"。戰國文字中有在字的下部增加"口"爲羨符的現象。李家浩先生曾經舉出"青""霍""紀""丙"等字爲例。① 何琳儀先生在《戰國文字通論》一書中,舉出了"念""巫""秋""御""等""退""聖""雀"等字②,可以參看。所以,"省"字可以被看作"小"字加"口"繁化的結果。

需要指出的是,在"少"字下加"口"爲羨符的現象,目前只在楚文字中見到。如上博簡《凡物流行》甲篇第28號簡、乙篇第20號簡"此之謂小成","小"字都寫作"㕉"。③ 清華簡《筮法》第40、41號簡:"凡果:大事,歲在前果;中事,月在前果;小事,日乃前果。"與"大""中"二字相對應的"小"字,寫作"㕉"。④ 新鄭出土的陶文中,"小"字加"口"繁化的現象,很有可能是受楚文字影響所致。

八、里□朱

---

① 李家浩:《戰國時代的"冢"字》,《著名中年語言學家自選集·李家浩卷》,第4頁。
② 何琳儀:《戰國文字通論(訂補)》,第268頁。
③ 馬承源主編:《上海博物館藏戰國楚竹書(七)》,上海:上海古籍出版社,2008年,第105頁、130頁。
④ 清華大學出土文獻保護與研究中心編,李學勤主編:《清華大學藏戰國竹簡(肆)》,上海:中西書局,2013年,第40~41頁。

2018年新鄭瑞星金座 T17H56∶14 出土,紅陶,陶釜肩部,殘長 13 厘米、寬 13 厘米。釋文爲:里□朱。

"里"字的寫法,與中山王鼎、胤嗣壺銘文中的"里"字形體較爲接近。"里"下一字左邊殘缺,右半殘留部分爲"朱"。"里□朱"爲里姓陶工名字。在以往新鄭出土陶文中,里姓陶工名字還有"里同"(《陶録》5.6.1)、"里齲""里信""里相""里繒""里勝"①等。

九、彭朸

2018年出土于新鄭市委黨校 T16H39∶12,灰陶,陶盆殘片,長 12 厘米、寬 3 厘米。釋文爲:彭朸。

文字刻寫在盆口折沿上。文字筆畫已經磨損得比較嚴重,尤其是"彭"字上端已經殘缺,"朸"右邊所從的"力"形也近乎磨滅。但是相同人名的陶文可以證實,這兩個字必爲"彭朸"無疑。

在以往所出土的新鄭陶文中,亦有名字爲"彭朸"者,如新鄭出土的 98∶ZHⅡ中行 T642H2170∶65 號陶文、T659H1784∶5 號陶文,這兩例陶文也是刻在陶盆口折沿上的。②

---

① 徐在國編著:《新出古陶文圖録》,第 440 頁。
② 河南省考古文物研究所編著:《新鄭祭祀遺址》,鄭州:大象出版社,2006 年,第 583 頁。徐在國編著:《新出古陶文圖録》,第 449 頁。劉秋瑞:《新見陶文考釋九則》,《中國文字研究(第二十七輯)》,第 49 頁。

《中國文字研究(第二十七輯)》第 49 頁　《新出古陶文圖錄》第 449 頁

"助"是三晋文字中常見的人名,除了"彭助"陶文之外,還有"膡助"①,何琳儀先生懷疑是從力、亶省聲的字。② 侯馬盟書中多次出現"而敢或變改助及兔"一類的話,"助"字或從"旦"、從"廛",也有把"旦"省寫作"日"形者。③ 新鄭陶文中的"彭助"之"助"左邊寫作從"日",很有可能與侯馬盟書是同類現象。當然也有可能是受到晋文字的影響所致。從陶工"彭助"的名字多次出現在陶盆口沿來看,此人可能是專門製作陶盆一類日常生活器具的技術工人。

(樊温泉:河南省文物考古研究院,450000,鄭州)

(張新俊:中國海洋大學,266100,青島)

---

① 徐在國編著:《新出古陶文圖錄》,第 440 頁第 042 號。
② 何琳儀:《戰國古文字典》,北京:中華書局,1998 年,第 718 頁。
③ 張守中撰集:《侯馬盟書字表新編》,北京:文物出版社,2017 年,第 145～147 頁。張道升著:《侯馬盟書文字編》,合肥:黃山書社,2017 年,第 401～406 頁。

新鄭新出陶文"彭嘉"考釋

張新俊　樊溫泉

〔摘　要〕　2018年河南省新鄭市鄭韓故城新出土一件署名"彭嘉"的陶器,通過與以往所出同名陶文的比較,可知這幾處陶文應該是鈐蓋上去,非刻寫而成。本文又對楚、晉兩系文字"嘉"的源流作了考察,從文字形體來看,新鄭陶文"彭嘉"很有可能受到了楚文字的影響,但這并非唯一途徑。晉文字中的"嘉"通過自身的發展演變,也同樣能達到與楚文字"殊途同歸"的結果。

〔關鍵詞〕　彭嘉　楚系文字　晉系文字

《禮記・月令》説:"物勒工名,以考其誠;工有不當,必行其罪,以窮其情。"同樣的話,也見于《吕氏春秋・孟冬紀》。"物勒工名"是春秋以來政府管理人員考核器物製造者業績的重要方式。就出土文獻而言,在近幾十年來的戰國秦漢考古發現中,大量的銅器、陶器、古璽等實物,從多方面印證了戰國時期諸大國普遍存在的"物勒工名"制度。[①] 近些年來在鄭韓故城出土了數量衆多的陶文,同一個陶工的名字,出現在不同的器物上,甚至在不同的考古遺址中也時有發現。比如陶工"王牙"的名字,在新鄭陶文中就不止一次出現,祇不過此前由於誤釋、圖版模糊不清等原因,一直没有被學者揭示出來而已。[②] 除此之外,我們注意到還有一個叫"彭嘉"的工匠名字,就目前所知道的資料來看,在陶盆、陶甑、陶缸等不同的器物上至少已經出現過三次。

---

① 董珊:《戰國題銘與工官制度》,北京大學博士學位論文,2002年。陸德富:《戰國時代官私手工業的經營形態》,上海:上海古籍出版社,2018年,第172～173頁。孫剛:《東周齊系題銘研究》,上海:上海古籍出版社,2019年,第388～410頁。
② 樊溫泉、張新俊:《新鄭新出陶文擷英》,見《戰國文字研究(第三輯)》,合肥:安徽大學出版社,2021年。

"彭嘉"第一次出現在2005年倉城路采集到的一件陶盆上。在2005年倉城路 T6H35∶79出土的陶甑口沿上,再次發現了此人名①(圖一)。2018年新鄭市新京藍苑Ⅰ區 T118H100出土了一件陶缸殘片,泥質灰陶,殘長6厘米、寬5厘米,在器物的肩部也有陶工"彭嘉"的名字(圖二)。最初我們認爲這兩個字是刻寫上去的,後來仔細觀察倉城路 T6H35∶79出土陶文,發現"彭"字右上側有一部分筆畫,顯然是向右移動後重疊形成的,于是恍然大悟,原來有些陶工的名字,其實也是通過私印鈐蓋上去的。由于持印者在鈐蓋之後不慎使印模再次觸及了陶器,才會在濕坯上重複出現了"彭"字的部分筆畫。新鄭陶文中出現這樣的"文字重影"現象,正是部分陶文并非刻寫而是鈐印的最好證據。

(圖一)  (圖二)

在新鄭出土的陶文中,彭姓陶工人名衆多,推測此彭姓陶工世代以製陶爲業。"彭"字的寫法,形體也不盡相同。有寫作"▨""▨"者,"壴"下從"口",此形還見于新鄭出土的兩處署名"彭余"陶文。② 這種寫法的"彭"字,很容易讓人聯想到是不是受到楚文字的影響。因爲在楚文字中,"彭"所從的"壴"多有寫成從"喜"的,如包山楚簡56號簡作▨,新蔡甲三41號簡作▨,甲三133號簡作▨等。③ 類似的還有楚金文中的"鼓"字,左邊所從"壴"下也多加"口"形,如沇兒鐘作▨,徐王子鐘作▨,王孫誥鐘作▨,是其證。④ 不過楚文字中也有大量的"彭"

---

① 黄錦前、樊温泉:《新鄭鄭韓故城出土陶文選釋》,《晋邦尋盟》,太原:北嶽文藝出版社,2020年,第18～25頁。

② 王恩田編著:《陶文圖録》,濟南:齊魯書社,2006年,第1738頁5.6.3號。徐在國編著:《新出古陶文圖録》,合肥:安徽大學出版社,2018年,第449頁第046號。"彭"下一字,《陶文圖録》釋作"念"。但是從《新出古陶文圖録》中同一人名寫作"余"來看,《陶文圖録》"余"下似乎没有"心"形,則釋文當從《新出古陶文圖録》釋作"彭余"。

③ 李守奎、賈連翔、馬楠編著:《包山楚簡文字全編》,上海:上海古籍出版社,2012年,第190頁。張新俊、張勝波編著:《新蔡葛陵楚簡文字編》,成都:巴蜀書社,2009年,第99頁。

④ 容庚編著:《金文編》,北京:中華書局,1985年,第329頁。

字,下部并不從口。如上博簡《三德》1、2、3、7 號簡,《王居》第 1、5、7 號簡①,清華簡《祝辭》1 號簡②,《三壽》第 5、6、11、12、14、23、24 號簡③。所以"彭"從"口"與否,并不具有區分國別的作用。2008 年考古人員在南陽市發掘了一座墓主爲"彭射"的春秋墓,墓中所出彭子射兒鼎上"彭"多寫作▨,但彭射尊等器則寫作▨。④ 在新鄭戰國陶坊遺址所出土的陶文中,大多數的"彭"字寫作▨,以"壴"下不從"口"者居多。在目前已經發表的資料中,可以舉出的例子還有"彭異""彭劼""彭會"等。⑤ 陶文之外,類似寫法的"彭"字,還見于戰國時期的韓國兵器銘文上。如十七年鄭令戈有鄭令"彭璋","彭"字寫作▨⑥,是其證。

由此我們可以糾正以往陶文著錄中的一個錯誤。高明先生編著的《古陶文彙編》3.737 號收錄如下一例陶文⑦(圖三):

(圖三)

根據該書《古陶文拓本目録索引》,知道此拓本爲高先生自藏,但没有明確的出土地點。⑧ 就陶文的國別而言,高先生把它歸到山東陶文部分。受高説影響,

---

① 徐在國編著:《上博楚簡文字聲系》,合肥:安徽大學出版社,2013 年,第 1746~1747 頁。
② 李學勤主編,賈連翔、沈建華編:《清華大學藏戰國竹簡(壹—叁)文字編》,上海:中西書局,2014 年,第 136 頁。
③ 李學勤主編,賈連翔、沈建華編:《清華大學藏戰國竹簡(肆—陸)文字編》,上海:中西書局,2016 年,第 119 頁。
④ 南陽市文物考古研究所:《河南南陽春秋彭射墓發掘簡報》,《文物》2011 年第 3 期。
⑤ 徐在國:《新出韓、魏陶文輯録》,《出土文獻(第十一輯)》,上海:中西書局,2017 年,第 127~140 頁。徐在國編著:《新出古陶文圖録》第 046~050 號,第 449~451 頁。劉秋瑞:《新見陶文考釋九則》,《中國文字學報(第二十七輯)》,上海:中國書店,2018 年,第 48 頁。張夢楠:《〈新出古陶文圖録〉文字編》,安徽大學碩士研究生學位論文,2019 年,第 55 頁。
⑥ 中國社會科學院考古研究所編:《殷周金文集成》第十七册第 11371 號,北京:中華書局,1992 年。
⑦ 高明編著:《古陶文彙編》,北京:中華書局,1990 年,第 228 頁。
⑧ 高明、葛英會編著:《古陶文字徵》,北京:中華書局,1991 年,第 36 頁。

何琳儀先生《戰國古文字典》、湯餘惠先生主編的《戰國文字編》都以爲這是齊國文字。① 現在看來，顯然是有問題的。因爲從文字的書寫風格看，絲毫看不出齊國文字的特點，反而是三晉文字的風格。目前所能見到的專門收録齊國文字的兩本工具書，如孫剛先生《齊文字編》、張振謙先生《齊魯文字編》均不收録此形。王恩田先生編著的《陶文圖録》第七卷 7.3.2 號也收録了這一陶文，但把它歸到"國别待考"類。② 2004 年在新鄭市武大幼兒園 T7:H92 出土的陶文中，有與《古陶文彙編》3.737 號完全相同的文字（圖四）：

（圖四）

如今可以斷定《古陶文彙編》3.737 號也是一例極爲典型的新鄭陶文。值得注意的是，這一陶文同樣出現了"重影"現象，正説明它是印文，而非直接刻寫上去的。

在此順便説一下，上揭陶文"彭"下一字，可以隸定作"愍"，應該是一個從心、"臣又"聲的字。1991 年出版的高明、葛英會先生編著的《古陶文字徵》是把此形作爲不識字收入附録的。③ 2014 年出版的高明、涂白奎編著的《古陶文録》仍之。④ 三晉璽印文字中常見到以"臣又"爲聲旁的字，如《古璽彙編》1189、2623 號有 等字，從"糸"、"臣又"聲。《古璽彙編》1030、1605、2904 號有 等字，從"疒"、"臣又"聲。《古璽彙編》2944、2945 號有 等字，當從"蚰"、"臣又"聲。近年來劉洪濤、白於藍等先生受清華簡《厚父》篇 1 號簡"監"字寫作 的啓發，把以上從"臣又"得聲的字，分別釋作"纜""癳""鹽"。⑤ 那麽上揭陶文"彭"下之字，也可以

---

① 何琳儀:《戰國古文字典》，北京:中華書局，1998 年，第 1127 頁。湯餘惠主編:《戰國文字編》（修訂本），福州:福建人民出版社，2015 年，第 1078 頁。
② 王恩田編著:《陶文圖録》，第 2325 頁。
③ 高明、葛英會編著:《古陶文字徵》，第 299 頁。
④ 高明、涂白奎編著:《古陶文録》，上海:上海古籍出版社，2014 年，第 383 頁。
⑤ 劉洪濤:《讀〈清華大學藏戰國竹簡〉第五册散札》，《出土文獻（第十二輯）》，上海:中西書局，2018 年，第 135～141 頁。白於藍、周悦:《古璽印文字考釋二則》，《出土文獻（第十四輯）》，上海:中西書局，2019 年，第 207～216 頁。

看成從"心"、"監"聲的字,釋作"憸"。"憸"字見于《集韻》。徐在國先生則把上揭古璽分別收錄到"絢""痀""鈶"下。① 若此,則或可以看成從"心"、"旬"聲的字,釋作"恂"。這幾個字究竟相當於後世的何字,還有待研究。

回過頭來,我們談談新鄭陶文"彭嘉"之"嘉"字,該字原篆如下:

與陶文"嘉"形體完全相同的文字,此前已經多次出現在上博簡和清華簡中。上博簡中有兩見:

清華簡中至少已經出現了五次②:

《上海博物館藏戰國楚竹書(一—五)文字編》把《周易》31 號簡"嘉"字摹作"", 謂"字形似作。從爭,不從加"。③ 現在可以確定,《周易》31 號簡"嘉"字左上角所從當爲"禾"形無疑,以前的摹本不夠準確。從楚簡"嘉"字也可以肯定,學者們把陶文釋作"彭嘉"是正確可信的。但"嘉"字的這種形體是如何發展演變而來的,則有必要作進一步的研究。

《説文》:"嘉,美也。從壴、加聲。"殷墟卜辭中有、字,陳漢平、陳秉新先

---

① 徐在國、程燕、張振謙編著:《戰國文字字形表》,上海:上海古籍出版社,2018 年,第 1758、1096、1816 頁。
② 李學勤主編,沈建華、賈連翔編:《清華大學藏戰國竹簡(壹—叁)文字編》,第 136 頁。李學勤主編,賈連翔、沈建華編:《清華大學藏戰國竹簡(肆—陸)文字編》,第 119 頁。
③ 李守奎、曲冰、孫偉龍編著:《上海博物館藏戰國楚竹書(一—五)文字編》,上海:上海古籍出版社,2007 年,第 262 頁。

生認爲是"嘉"字,《新甲骨文編》從此說收入"嘉"下①,現在看來都是可信的。西周早期的金文中有"嬶"(或以爲是兩個字,"嘉母")字②,原篆寫作[圖]、[圖],右邊所從的[圖],與甲骨文中的[圖]形體全同,當爲一字無疑。因此,甲骨文、早期金文中的"嘉",并不從"壴",也不從"加"得聲。近來陳劍、方稚松先生提出,早期文字中有一形多音義的現象,所以"力"不但有"力"音,也含有"嘉"音。"力"很可能是"嘉"的聲符。③ 這不失爲一種相對合理的解釋。西周晚期的伯嘉父簋,"嘉"字寫作[圖],確實已經是從"壴"、"加"聲,與石鼓文作"[圖]"以及《說文》小篆形體完全一致。④ 春秋以降,各個諸侯國的文字竹簡呈現出地域性的特徵,"嘉"字的形體產生諸多變化,除了在"力"上加"爪"形外,左上部分的變化最爲劇烈,甲金文中最初所從的"木"形,先後有"[圖]""[圖]""[圖]"等多種變化形式。如陳侯作嘉姬簋還作[圖],郱公釳鐘作[圖],王孫誥鐘作[圖],哀成叔鼎作[圖],王子申盞作[圖],王孫遺者鐘作[圖]⑤,是其證。以下分別討論楚系、晉系文字中的"嘉"字。

在時代屬于戰國偏早一點的新蔡楚簡中,貞人"應嘉"的名字多次出現,值得注意的是,"嘉"字有三種不同的寫法⑥:

G1 [圖](甲三 112)   [圖](甲三 198/199－2)   [圖](零 344)

---

① 陳漢平:《屠龍絶緒》,哈爾濱:黑龍江教育出版社,1989 年,第 77~78 頁。于省吾主編:《甲骨文字詁林》,北京:中華書局,1996 年,第 2783~2784 頁。劉釗主編:《新甲骨文編》(增訂本),福州:福建人民出版社,2014 年,第 299 頁。
② 釋作"嬶"者的工具書,如董蓮池編著《新金文編》(北京:作家出版社,2011 年,第 1679 頁),張俊成編著《西周金文字編》(上海:上海古籍出版社,2018 年,第 664 頁),江學旺編著《西周文字字形表》(上海:上海古籍出版社,2017 年,第 508 頁)。也有作爲不識字收入附錄者,參看容庚《金文編》,第 1256 頁。
③ 郭理遠:《飛諾藝術品工作室所藏"向壽戈"銘文補釋》,《出土文獻(第十四輯)》,第 190~203 頁。方稚松:《甲骨文中的"妫"讀爲"嘉"補正》,《古文字研究(第三十三輯)》,北京:中華書局,2020 年,第 83~89 頁。
④ 吳振烽編著:《商周青銅器銘文暨圖像集成》第 9 冊,上海:上海古籍出版社,2012 年,第 261~262 頁,第 4505、4506 號。張俊成編著《西周金文字編》,第 242 頁。也有釋爲"嘉母"二字的,如吳振烽編著《商周青銅器銘文暨圖像集成》第 23 冊第 12738、12739 號,第 189 頁。
⑤ 吳國昇編著:《春秋文字字形表》,上海:上海古籍出版社,2018 年,第 215~217 頁。
⑥ 宋華強:《新蔡楚簡初步研究》,武漢:武漢大學出版社,2010 年,第 113~135 頁。

G2 （甲三 114、113）

G3 （甲三 75）

從 G1 這種寫法看,戰國早期楚文字中的"嘉"字,已經把左上部分原本從的"木""來"形訛成了"虍"形,這一點以往多被學者們所忽視。不妨舉出兩個新蔡簡中一些從"虍"的字比較一下。①

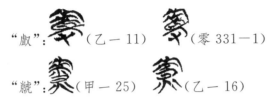

"慮":　（乙一 11）　（零 331—1）

"虢":　（甲一 25）　（乙一 16）

當然,楚文字"嘉"左上部訛作"虍",有更早的來源。春秋時期的王孫遺者鐘,"嘉"字左上部分寫作,與"虍"形十分接近。2009 年湖北隨州文峰塔一號墓出土的春秋時期的曾侯與編鐘銘文中,"嘉"字寫作②:

G4

"豆"形之上的"⚌"形,就很容易訛成"虍"形。2013 年湖北隨州文峰塔二十一號墓地出土的隨大司馬嘉有之行戈,"嘉"字寫作如下之形③:

G5

此字過去有釋作"嘉""戲""虞""獻"等多種意見。④ 其實從右邊所從的"丂"形來看,"戲""虞""獻"均無此寫法。此字左上部明顯是寫作"虍"形的,從上揭新蔡簡中 G1 形的三個"嘉"字左上部訛作"虍"來看,隨大司馬嘉有之行戈的發

---

① 張新俊、張勝波編著:《新蔡葛陵楚簡文字編》,第 67 頁、第 100 頁。
② 凡國棟:《曾侯與編鐘銘文柬釋》,《江漢考古》2014 年第 4 期。孫啓燦:《曾文字編》,吉林大學碩士學位論文,2016 年,第 50 頁。
③ 湖北省文物考古研究所、隨州市博物館:《湖北隨州市文峰塔東周墓地》,《考古》2014 年第 7 期。
④ 湖北省文物考古研究所、隨州市博物館:《湖北隨州市文峰塔東周墓地》,《考古》2014 年第 7 期。羅運環:《隨大司馬 有之行戈" "字考辨》,《江漢考古》2013 年第 1 期。黃錦前:《隨州新出隨大司馬 有戈小議》,《江漢考古》2013 年第 1 期。

掘者釋作"嘉",是正確可信的。

　　新蔡簡中 G3 這種寫法,已經完全變成了從"禾"、"加"聲的字。這種寫法在包山簡、上博簡、清華簡等楚文字中出現得最多,似乎是"嘉"的主流寫法①:

不過在包山楚簡中,"嘉"字還有更爲簡省的寫法②:

G4

這種寫法的"嘉",從"禾"、"加"聲,與上揭 G3 相比,所從"加"省去了"爪"形,可以說是楚文字中形體最爲簡省的"嘉"形。楚文字中既有簡化的"嘉",也有繁化的"嘉"。上博簡《采風曲目》中,"嘉賓道喜"的"嘉"字,寫作如下之形:

G5

馬承源先生把此字釋作"嘉"是正確可信的。③ 但是這個"嘉"字的寫法,與楚文字中常見的"嘉"明顯不同。有學者已經注意到這種特殊的形體,謂此"嘉"字所從"口"形不在"力"的下方,而在"力"與"禾"形之間,但"禾"形下又多一橫筆。④ 其實,這個形體特殊的"嘉"字,祇不過是在"禾"形下加上了"可"爲聲符而已。上古音"嘉"屬見母歌部,"可"屬溪母歌部,"可"的本字"柯"屬見母歌部。傳世文獻中從"可"得聲的字與"加"及從"加"得聲的字每多相通。如"柯"與"加"通,"柯"與"嘉"通,"阿"與"娿"通。⑤ 由此可見,G5 形的"嘉"是一

---

① 李學勤主編,沈建華、賈連翔編:《清華大學藏戰國竹簡(壹—叁)文字編》,第 136 頁。
② 李守奎、賈璉翔、馬楠編著:《包山楚簡文字全編》,上海:上海古籍出版社,2012 年,第 191 頁。
③ 馬承源主編:《上海博物館藏戰國楚竹書(四)》,上海:上海古籍出版社,2004 年,第 169 頁。
④ 陳思婷著:《〈上海博物館藏戰國楚竹書(四)·采風曲目、逸詩、内豊、相邦之道〉研究》,新北:花木蘭文化出版社,2008 年,第 133 頁。
⑤ 高亨纂著,董治安整理:《古字通假會典》,濟南:齊魯書社,1989 年,第 664 頁。

個兩聲的字。

上面我們討論了楚文字中幾種"嘉"字的异體。早期的鄭國一直處在晋、楚争鋒的中間地帶,迫于大國淫威,不得不時而親晋,時而近楚,在地緣政治上受到兩種不同文化的衝擊。三家分晋之後,韓國就直接與强大的楚國接壤。戰争之外,兩個大國之間還不可避免地存在經濟、文化等方面的交流。就文字而言,除了自身的三晋文字因素占主體之外,韓國不可避免地會受到楚國文字的影響。在新鄭出土的陶文中,就有不少楚文字,《陶文圖録》第 1747 頁 5.15.2 收録一個新鄭陶文,左上從"爪",舊不能識,其實就是楚文字中的"家"字。除此之外,新鄭出土的陶量銘文中還有不少的"家"字,皆從"爪",是典型楚文字的特色。韓、楚兩國的關係,可見一斑。因此,考查一下三晋文字中"嘉"字的演變,對于我們釋讀鄭韓故城出土的陶文,也是很有必要的。

在以《侯馬盟書》爲代表的晋系文字中,"嘉"字的形體往往訛變、省化得非常厲害,《侯馬盟書》之外,湯志彪先生《三晋文字編》、張道升先生《侯馬盟書字形表》、張守中先生《侯馬盟書字表新編》等收録了許多形體[1],可以參看。何琳儀先生在《戰國文字通論》一書中舉了"複筆簡化"的例子,"嘉"是其中之一。[2]近些年來,先後有多位學者都討論了"嘉"字形體的演變,尤以孫剛先生對"嘉"字形體演變所作的分類最爲詳細。[3] 與春秋時期楚文字中"嘉"字類似,晋文字中的"嘉"字,除了"力"形有無"爪"外,左上所從的偏旁,也是變化最大的文字構件。如果以"嘉"字左上部分的不同爲區分標準的話,大致可以分爲以下四類。

第Ⅰ類,左上角爲"禾"形。

---

[1] 山西省文物工作委員會編,張頷、陶正剛、張守中著:《侯馬盟書》,太原:三晋出版社,2016年,第 457~459 頁。湯志彪編著:《三晋文字編》,北京:作家出版社,2013 年,第 690~707 頁。張道升著:《侯馬盟書文字編》,合肥:黄山書社,2017 年,第 70~74 頁。張守中撰集:《侯馬盟書字表新編》,北京:文物出版社,2017 年,第 51~54 頁。

[2] 何琳儀:《戰國文字通論(訂補)》,上海:上海古籍出版社,2017 年,第 253 頁。

[3] 孫剛:《說"喜(鼓)"——兼談"嘉""垂"的形體流變》,見復旦大學出土文獻與古文字研究中心編:《戰國文字研究的回顧與展望》,上海:中西書局,2017 年,第 291~312 頁。郭理遠:《飛諾藝術品工作室所藏"向壽戈"銘文補釋》,《出土文獻(第十四輯)》,第 190~203 頁。

這種類型的"嘉"字,a 形所從的"荳",如果把所從"豆"形略加省變,就成了 b 形所從的"𣎴",如果完全省去"豆"形,就完全變成了"禾"形。c—f 諸形從"禾",即由此而來。d 形如果省去"口"形,就會與陶文"彭嘉"之"嘉"形體全同。e、f 二形,與前面提到的包山楚簡中的 形十分接近,衹是比後者更爲簡省而已。相信隨着材料的不斷增多,我們不但有可能在三晉文字中見到 形"嘉"字,也有可能在楚文字中見到 形的"嘉"字,因爲它們都是符合文字發展演變的規律的。

Ⅰ類還有兩組亞形。一組是從 a 形省變而來,即把"荳"所從的"禾"省成"屮"形。另一組是由 b 形變化而來,即把"𣎴"省成"屮"形。

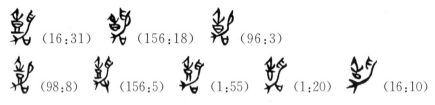

第Ⅱ類,左上角爲"來"形。

這種類型的"嘉"字,是從陳侯作嘉姬簠的 、王孫誥鐘的 省去"豆"柄形,或完全省去"豆"形而來。前面我們所舉新蔡楚簡中"嘉"字的第二種寫法,即 G2 (甲三 114、113),與《侯馬盟書》中的 (75:1)形體幾乎是完全相同的。

從邾公釛鐘的 形來看,"來"形可以省成下部,演變成如下兩組亞形:

不管是第一組還是第二組,如果省去"豆"柄形,都可以成爲如下二形:

第Ⅲ類,左上角爲"甾"形。

a. (179:13)　b. (1:9)　c. (1:7)　d. (1:32)

e. (92:46)

"嘉"字的形體本來與"甾"形無關。之所以會從"甾",很有可能是受到"兇"的影響所致。《侯馬盟書》中"兇"字异體衆多,有時候可以省成如下二形①:

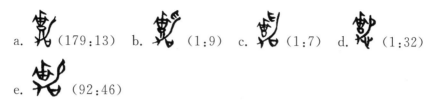

後一種"兇"字的寫法,與上揭第Ⅱ類第二組亞形所從的" "已經幾乎没有什麼兩樣了。

第Ⅳ類,左上角爲"中"形。

a. (3:20)　(3:1)

b. (200:1)　(3:20)　(92:21)　(194:1)

(16:17)

這種類型的"嘉"字,則與《説文》小篆最爲接近。

上文對戰國前後楚、晋兩系文字中"嘉"字形體的演變作了考查。不難發現,戰國時期楚文字中的"嘉"字雖然有好幾種异體,但從"禾"、"加"聲者應是當時的主流寫法。在以《侯馬盟書》爲代表的晋系文字中,"嘉"字异體衆多,似乎還看不出哪一種形體具有壓倒性的優勢。結合新鄭陶文"彭嘉"來看,"嘉"字寫作從"禾"、"加"聲,與楚文字中"嘉"字的主流寫法一致。如果就此現象加

---

① 湯志彪編著:《三晋文字編》,第1291頁。

以推測的話,這當然有可能是受到楚文字的影響所致,但是從三晋文字內在的發展規律來看,也不能排除這是韓國文字自身發展演變的結果。

　　最後,我們總結一下本文的主要觀點。第一,從"彭嘉"等陶文出現文字"重影"現象來看,新鄭出土陶文中至少有一部分陶工姓名,是用印鈐蓋上去的,而不是直接刻成。第二,《古陶文彙編》3.737號陶文"彭恕"非齊國陶文。從新鄭出土的同名陶文來看,其國別爲三晋無疑,確切地説,也是新鄭出土的韓國陶文。第三,新蔡楚簡中的"嘉"字,有一種左上部分從"虍"的寫法,其直接來源于春秋時期的楚文字,這裏的"虍"形是"來"形訛變的結果。第四,新鄭陶文"嘉"字的寫法與楚文字"嘉"的主流寫法相同,推測其可能受到楚文字的影響。但這并不是唯一的途徑,從文字發展演變的內部規律來看,也有可能是三晋文字自身演變的結果。

（張新俊:中國海洋大學,266100,青島）

（樊温泉:河南省文物考古研究院,450000,鄭州）

木葉堂藏燕陶文選録

楊爍

〔摘 要〕 木葉堂收藏有一批珍貴的燕陶文實物資料，大部分未見著録，其中一些內容比較重要。本文選取其中的 20 例進行公布説明。

〔關鍵詞〕 燕文字　燕陶文　選録

燕陶文指戰國時期燕國的陶器文字，燕陶文大部分出土于河北易縣的燕下都遺址。木葉堂藏有一批燕下都遺址出土的燕陶文實物，大部分文字清晰精美，是珍貴的燕系文字材料。本文選取其中的 20 例進行公布與考釋，具體體例如下，每一例陶文材料依次録入編號、圖像、釋文、器形與説明，無須相關説明的，標明略。

編號:1

圖像:

釋文：十九年十一月左缶（陶）冩（尹），左缶（陶）俫湯敀國
器形：陶罐殘片
説明：燕陶文中，紀年爲十九年左屬者目前僅見此一例。
編號：2

圖像：

釋文：廿年十一月□□□，俫壐（堅）敀□，右缶（陶）□□□
器形：殘陶罐
説明：燕陶文中，紀年爲廿年右屬清晰者目前僅見此一例。
編號：3

圖像：

釋文：右缶（陶）冩（尹）鑪疋□□，俫□□□
器形：陶罐殘片
説明：略
編號：4

圖像：

釋文：□朘（朧）□□

器形：殘陶罐

説明：文字右側存凸起狀乳釘紋八枚。

編號：5

圖像：

釋文：右宮吉

器形：殘陶片

説明：略

編號：6

圖像：

釋文：右宮達

器形：板瓦殘片

説明：略

編號：7

圖像：

釋文：千丏（万）

器形：陶盆口沿殘片

説明：燕陶文中"千亓（万）"吉語習見，大多鈐蓋在陶豆豆柄上，與戰國時期"千亓（万）"吉語璽可合證。

編號：8

圖像：

釋文：長生

器形：殘陶豆

説明：此陶文與戰國"長生"吉語璽可合證。

編號：9

圖像：

釋文：右工員

器形：板瓦殘片

説明：此類陶文目前共發現兩例，另一例著錄于《中國古代陶文集拓》①秦漢卷4.9（中圖），原著錄將其定爲秦漢陶文，誤。兩例陶文原器物均爲板瓦，陶文爲同一枚璽印鈐蓋而成。"員"字筆畫略有磨損，又見於燕璽"東方員"（《璽彙》3959）。《燕下都》圖484.5著錄一枚燕下都出土燕璽，内容爲"㪤（韓）員"。② 另，武陽陶坊藏河北易縣燕下都出土的一件完整陶量，其上有一枚長方

---

① 文雅堂編輯：《中國古代陶文集拓》，北京：文雅堂出品，1999年原拓稿本。
② 河北省文物研究所：《燕下都》，北京：文物出版社，1996年，第841頁。

形燕系私璽"喬貟"(右圖)鈐蓋的陶文。由此推知"貟"應爲燕國人名常用字。我們推測燕陶文中應有與"右工某"格式相對的"左工某",但目前尚未發現。

編號:10

圖像:

釋文:上医

器形:陶罐口沿殘片

說明:略

編號:11

圖像:

釋文:𩏑(韓)生(甥)閔

器形:陶盆口沿殘片

說明:此陶文爲乾刻,刻銘者可能是製作者,也可能是監造者或使用者。"閔"字首見,于此用爲人名。

編號：12

圖像：

釋文：□缶(陶)城

器形：板瓦殘片

說明：首字不識，燕陶文中習見"陶某"類格式。

編號：13

圖像：

釋文：缶(陶)牛

出土：河北省易縣燕下都遺址

器形：陶罐

說明：陶罐口沿處有近等距離劃痕四道。

編號：14

圖像：

釋文：缶(陶)攻(工)壽

器形：陶井圈殘片

說明：略

編號:15

圖像:

釋文:缶(陶)攻(工)兵

器形:陶罐殘片

説明:略

編號:16

圖像:

釋文:缶(陶)攻(工)舌

器形:陶甗殘片

説明:略

編號:17

圖像:

釋文:缶(陶)攻(工)乙,二言(觳)

器形:殘陶罐

説明:略

編號：18

圖像：

釋文：豪（童）

器形：陶鬴殘片

説明：此字爲雙聲符字，加注"豕"聲。《戰國燕齊陶文》102① 著録一例同文陶文，徐在國先生曾對其進行考證，可參看。②

編號：19

圖像：

釋文：城

器形：陶罐殘片

説明：此陶文可與《璽彙》5261、5262 所録兩枚燕璽之文合證。

編號：20

圖像：

---

① 尚彝軒藏陶，董珊釋文：《戰國燕齊陶文》，北京：文雅堂出品，2001年影印稿本。
② 徐在國：《新出燕陶文選釋》，《中國文字學報（第9輯）》，北京：商務印書館，2018年，第109～110頁。

釋文：窢（窣）

器形：陶盆口沿殘片

説明：此字爲刻劃陶文，徐在國先生告知此字上部從"宰"，特此致謝！

以上就是我們對木葉堂所藏部分燕陶文的公布與説明，不當之處，祈請方家指正。

（楊爍：安徽大學漢字發展與應用研究中心，230039，合肥）

古陶文珍品著録的集大成者
——《步黟堂古陶文集存》

徐 在 國

步黟堂主人唐存才先生乃西泠印社理事,是集書法、篆刻、全形拓、收藏于一身的大家。童衍方先生説"子穆弟癖金石,步黟堂集藏戰國陶文已歷十二載春秋"。① 裘錫圭先生稱贊他:"唐存才先生因嗜書法篆刻藝術而注意古人之文字遺迹,養成金石之癖,于戰國陶文尤爲留心,十餘年來搜集了大量古陶文精品。……唐先生雖由藝術出發而喜愛古陶文,經過多年的摩挲鑒賞和深入鑽研,已經成爲古陶文研究的專家。"②唐先生收藏陶文不遺餘力,不惜重金,搜羅了大量的古陶文珍品。2013 年出版了《步黟堂藏戰國陶文遺珍》,其中包括齊國、燕國、邾國、秦國以及趙魏韓三晋地區的陶文精品 280 件,"此書不但可供愛好書法、篆刻藝術者參考,更是古文字研究者不可缺少的重要參考書"。③(裘錫圭《步黟堂藏戰國陶文遺珍・序》)該書出版後,唐存才先生于 2019 年又出版了《步黟堂古陶文集存》1 函 6 册。④ 我一直傾心于古陶文的搜集、整理與研究,認真拜讀該書後,發現該書有如下特色:

---

* 本文是教育部、國家語委"甲骨文等古文字研究與應用專項"重大項目"戰國文字譜系疏證"(YWZ-J013)的階段性成果。
① 唐存才:《步黟堂藏戰國陶文遺珍》,上海:上海書畫出版社,2013 年。童衍方序。
② 唐存才:《步黟堂藏戰國陶文遺珍》,裘錫圭序。
③ 唐存才:《步黟堂藏戰國陶文遺珍》,裘錫圭序。
④ 唐存才:《步黟堂古陶文集存》1 函 6 册,原拓本,2019 年。

一、珍品豐富

唐先生收藏的陶文大多爲珍品,要麽是首次出現的新品种;要麽是以前出現過,但品相、字口屬于上乘的。我們舉例如下(原書没有編號、釋文,編號、釋文是我們加的):

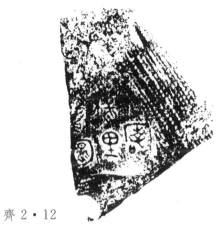

齊 2·12

釋文爲"蒦圖(陽)楊里人宰"。最後一字作󰀀,贅加"口"旁,第一次出現。

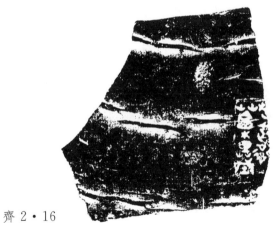

齊 2·16

釋文爲"楚郭巷櫃里蒇(藏)"。最後一字作󰀀,"藏"字的异體,第一次出現。

齊 2·33

釋文爲"孟常匋(陶)里膳"。"膳",齊陶文或作:

(《遺珍》155:膳)   [齊陶1214:圆(陽)里人膳]

(《遺珍》153:陳膳)

齊國璽印中有如下一字:

(《璽彙》0576)   (《璽彙》1465)   (《璽彙》3544)

(《璽彙》1954)

舊多隸定作"嗇""薔"。現在看來,也應該釋爲"膳",裘錫圭先生懷疑是"臟"字。①

齊 2·41

---

① 唐存才:《步黟堂藏戰國陶文遺珍》,裘錫圭序。

釋文爲"東酷里高瘖"。"瘖"字寫法首見。

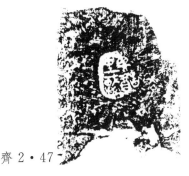

齊 2·47

釋文爲"東酷里惑"。最後一字"惑",從"戈","忠"聲,應是"惷"字。

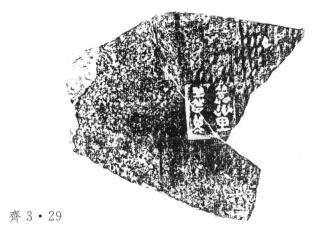

齊 3·29

釋文爲"丘齊炻里羊□□"。

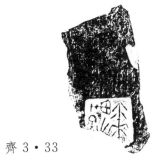

齊 3·33

釋文爲"炻里乘",陶文布局很有特色,"炻"是倒置,"里"是橫置。

齊 3·33

釋文爲"大市豆鉨"。

齊 3·35

釋文爲"大市汃月"。

齊 3·36

釋文爲"王句(后)市鉨"。"王句",疑讀爲"王后",天子的嫡妻,亦稱"皇后"。《周禮·天官·内宰》:"上春,詔王后帥六宫之人,而生穜稑之種,而獻之于王。"班固《白虎通·嫁娶》:"天子之妃謂之后何？后者君也。天子妃至尊,故謂之后也……天子尊之,故繫王言之,曰王后也。"

齊 3·37

釋文爲"王句(后)□"。

齊 3·38

釋文爲"郑市"。"郑",地名,待考。

齊 3·45

釋文爲"王豆""□"。"王豆",齊陶文習見。或釋之爲"主豆"。"王豆"左邊的字,楊爍懷疑是"坖"或"正",陶工的名字。

齊 3·50

釋文爲"王卒之區"。齊國量器有"王卒"系列,如"王卒之粁""王卒之豆""王卒之區""王卒之釜"。

135

齊 3·55

將該陶翻轉後作：

釋文爲"余？匋王□"。第一字也有可能是"辛"。最後一字下從"之"，不識。

齊 3·58

釋文爲"鼻"。

古陶文珍品著録的集大成者

燕 2

釋文爲"十六年八月右缶(陶)肙(尹)　右缶(陶)攻(工)□　俅旃(看)敀戨(賀)"。這是典型的燕國三級督造陶文,有意思的是該陶文既有鈐印的,又有刻畫的。"十六年八月右缶(陶)肙(尹)"前三字鈐印了兩次,估計是第一次鈐印不清楚,故而又鈐印了一次。

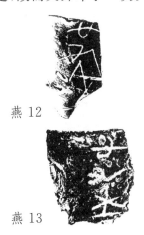

燕 12

燕 13

這兩例陶文均是刻畫的,釋文爲"廿九年",首見,也應該是三級督造的紀年。

137

燕 31

釋文爲"缶(匋)人□"。此陶文乃首次出現。

自怡齋又收藏如下一枚燕陶文：

于軍、楊爍兩位先生釋爲"缶(匋)人任"。考釋如下①：

> 《周禮·冬官·考工記》載："陶人爲甗，實二鬴，厚半寸，唇寸。"《禮記·喪大記》："甸人爲垼于西墙下，陶人出重鬲，管人受沐……"孔穎達疏："陶人，做瓦器之官也。"由是可知"陶人"爲負責瓦器製作的官職名稱。

于軍、楊爍兩位先生的考釋是正確的。

燕 49

釋文爲"左蒄(司)鍴(瑞)""□瑩"。此陶文爲首次出現，彌足珍貴。照片如下：

---

① 于軍、楊爍：《談新見的兩組燕陶文》，《戰國文字研究（第一輯）》，合肥：安徽大學出版社，2019 年，第 175 頁。

自怡齋還收藏如下一枚燕陶文：

于軍、楊爍先生考釋如下①：

> 徐在國老師懷疑"蒠"字讀爲"司"。《周禮·地官·司市》："上旌于思，次以令市。"鄭注："思當爲司字，聲之誤也。"可以爲證。徐師觀點可從。
>
> "蒠鍴"，讀爲"司瑞"；"左蒠鍴"，讀爲"左司瑞"。筆者推測燕陶文中應該還有"右司瑞"。"司瑞"，當爲制陶之官所用之璽。筆者推測這種印文所代表的燕國職官，其職責爲監管量器品質、檢查校驗量器容量是否符合標準。其旁附帶的私印當爲擔任此職官的人名。因爲官職固定而任職之人并不固定，所以將兩印分開鈐印。

于軍、楊爍兩位先生的考釋正確可從。

---

① 于軍、楊爍：《談新見的兩組燕陶文》，《戰國文字研究（第一輯）》，第178頁。

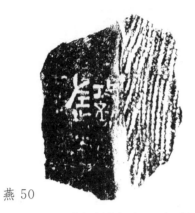

燕 50

釋文爲"左市攻(工)音"。"市攻",讀爲"市工"。

燕 51

釋文爲"左市□□"。

燕 54

釋文爲"䍇",從"网","䛇"聲,"罟"字的異體。《説文·网部》:"罟,网也。從网,古聲。"陶文"罟",可能是人名。

燕 55

釋文爲"萃"。燕文字"萃"或作：

此作" "，首次出現，所從"卒"將上部省掉了。

燕 56

釋文爲"猒"，從"犬"，"肮"聲。此字係首次出現。

燕 58

釋文爲"賆（府）"，"府"字的异體，赘加義符"貝"。戰國文字"府"字或作[①]：

---

① 徐在國、程燕、張振謙：《戰國文字字形表》，上海：上海古籍出版社，2017年，第1308～1309頁。

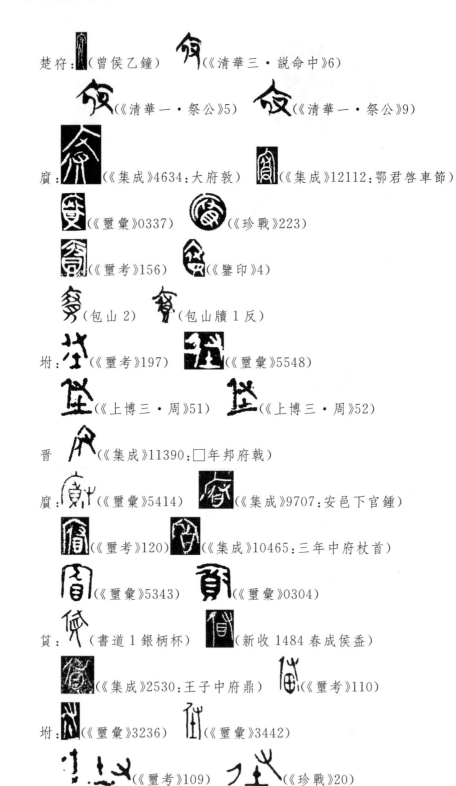

齊 （筡府毛戈）

燕文字作![字], "付"所從的"又"左下有一飾筆,是燕文字的特色。燕陶文"賮"字乃首次出現,豐富了戰國文字的字形。

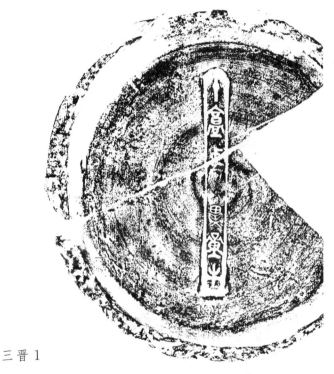

三晉 1

釋文爲"十盦中石,丌异量牛"。我們曾作過考釋①：

> "十盦中石,丌异量牛",讀爲"十敦中石,其司量牛"。意思爲:十敦相當于一石,掌管量制的官是牛。"石"在古代,既是重量單位,又是容量單位。重量單位的一石相當于一百二十斤,見《漢書·律曆志》等;容量單位的一石相當于一斛,十斗,見《國語·周語下》韋昭注、《説苑·辨物》等。按照一石爲十斗折算,一敦相當于一斗,比上引《三禮圖集注》引舊圖注略少。可惜這件陶器殘了,無法實測。這件陶器上出現了"敦""石",更是彌足珍貴,它對探討戰國時期魏國的量制有重要意義。

---

① 徐在國:《魏陶文選釋一則》,《晉邦尋盟——侯馬盟書古文字暨書法藝術學術研討會論文集》,太原:北嶽文藝出版社,2020 年,第 176～180 頁。

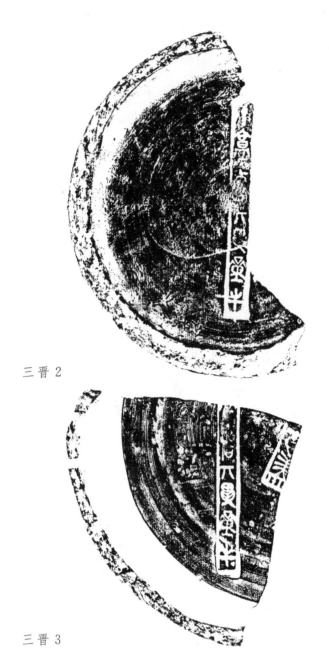

三晋 2

三晋 3

古陶文珍品著録的集大成者

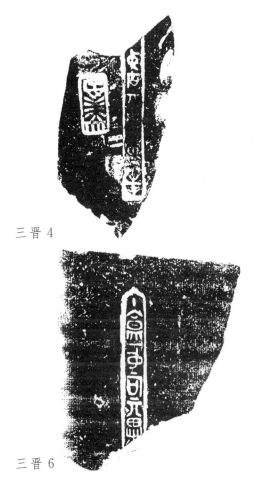

三晉 4

三晉 6

三晉 2、3、4、6,參上。

三晉 8

釋文爲"丌或(又)异量"。"或",疑讀爲"又"。"丌又异量",即"丌异量"。

145

三晉 9

釋文爲"□詒曰上",乃首次出現,内容待考。

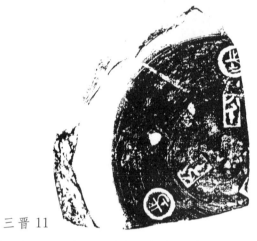

三晉 11

釋文爲"市""傘"。"市",乃圓形印章鈐印;"傘",乃方形印章鈐印。從殘存的量器底部看,兩字鈐印兩次,饒有趣味。

三晉 15

釋文爲"邾疛""公"。兩印章一正一倒。"邾疛",應該是人名。

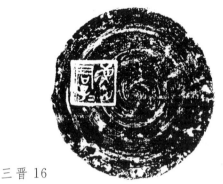

三晉 16

釋文爲"慶君子"。"君子",乃合文。戰國文字"君子"合文,在楚文字中習見,如:

與陶文寫法略异。

三晉 17

釋文爲"匋(陶)馬重(童)"。"馬重",讀爲"馬童",人名。"馬童",三晉文字習見,作:

（《集成》11364：二年主父戈）　（《集成》2577：十七年坪陰鼎蓋）

三晉 18

釋文爲"匋（陶）處"。第二字懷疑是"處"，寫法較怪。

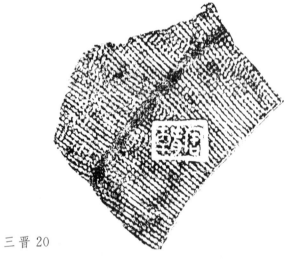

三晉 20

釋文爲"匋（陶）輨"。"輨"，從"車"，"胙"聲，乃首見。

三晉 31

釋文爲"匋(陶)萺"。"萺",從"艸","胃"聲,乃首見。

三晋 33

釋文爲"匋(陶)苟"。"苟",人名,乃倒書。鈐印三次。

三晋 34

釋文爲"匋(陶)䂞"。"䂞",從"石","厽"聲,乃首見。

三晋 35

三晋 36

三晋 35 與三晋 36 對比,即可發現内容相同,釋文爲"匋(陶)參"。三晋 35 的"匋"所從的"缶"省成了"午"。

三晋 37

釋文爲"缶(陶)山",鈐印兩次。

三晋 57

三晉 58

三晉 57、58 同文,釋文爲"巫厬"。"厬",僅是嚴格隸定,具體何字,待考。

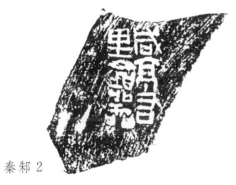

秦邦 2

釋文爲"咸亭右里倉器"。

秦邦 5

釋文爲"咸亭東貞婭器"。

151

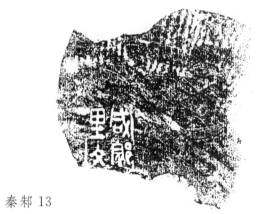

秦邦 13

釋文爲"咸鄰里文"。

秦邦 16

此陶水平翻轉作：

釋文爲"咸郿里□"。

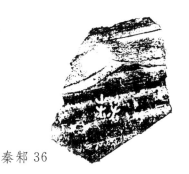

秦郊 36

釋文爲"茮(荥)"。"茮",又見如下齊陶文：

［齊陶 1251：茮（荥）□圆（陽）□豆］

關于此字，我們曾作過考釋。①

以上陶文大多爲首次出現，有些内容非常重要；有些字在戰國文字中是第一次出現；有些字的寫法很特别。這些陶文豐富了戰國文字資料，大大拓寬了我們的學術視野。

二、拓制精美

《步黟堂古陶文集存》所收陶文均爲原拓，拓制精美。戰國陶文多爲印章鈐印在陶器上，由于器形、鈐蓋、燒製、使用、存放、流通、出土等原因，許多陶文不清晰，或有缺筆，或有缺字。唐先生所收陶文品相好，拓工精細，上墨均匀，拓片清晰；所拓陶文連同陶片一起拓製，殘陶片紋飾、形狀一目瞭然。所收齊"蔓圆（陽）南里"陶文布局奇特，令人耳目一新。我們僅舉如下幾例：

---

① 徐在國：《釋荊、此、郤、郲》，見《山東古文字研究》，《山東社聯通訊》1992 年 8 月，第 59 頁。

齊 1·1

釋文爲"華門陳棱再左里殷(軌)亭區"。齊官營量器陶文,立事者是"陳棱"。

齊 1·6

釋文爲"昌檑陳圉(固)南右殷(軌)亭釜"。齊官營量器陶文,立事者是"陳固"。

齊 1·7

釋文爲"昌檐陳囿（固）南左里殷（軌）亭豆"。

齊 1·25

釋文爲"繇巷東匋（陶）里詿"。"詿"構形有特色，所從的"圭"上下寫法異。

齊 1·27

釋文爲"蒦圖(陽)南里眆"。布局順序是左、右、右下、左下。

齊 1·28

釋文爲"蒦圖(陽)南里□"。"蒦圖(陽)南",從左到右横排,布局少見。

齊 1·29

釋文爲"蒦圖(陽)南里奠"。"圖(陽)"字倒書,"里""奠"均橫置,二字方向又不一。

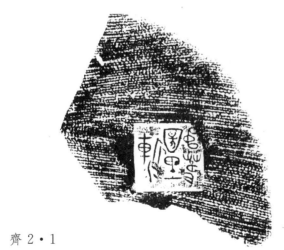

齊 2·1

釋文爲"中蒦圖(陽)里漸"。

齊 3·21

釋文爲"丘齊辛里王汨茲逑"。

秦邾 44

此陶垂直翻轉後作：

釋文爲"楠"，在邾國陶文中習見。

以上僅選取了齊陶文卷中官營及部分民營的量器陶文，選取了部分布局奇特的齊陶文，還選了一方邾國的陶文。可以說《步黟堂古陶文集存》所收陶文均拓製精美，這裏僅舉幾個例子，管中窺豹。

三、內容編排合理

《步黟堂古陶文集存》1 函 6 冊,共計 363 件。其中齊國卷 3 冊共 180 件、燕國卷 1 冊 61 件、三晉卷 1 冊 61 件、秦國及邾國卷 1 冊 61 件。

《步黟堂古陶文集存》先按照國別分卷。同一國別内,大體按照内容分類編排,比如齊國卷一先是官營的量器陶文 12 件,接着是私營的,鬻巷 14 件、蒦圖(陽)29 件,大蒦圖(陽)4 件。卷二中蒦圖(陽)6 件,東蒦圖(陽)4 件。其他就不一一列舉了。

再如燕陶文,首先是三級督造的陶文 15 件,紀年的陶文按照十六年、十七年、十八年、十九年、廿一年、廿二年、廿三年、廿九年的順序編排,一目瞭然。接着是右宫 4 件、左宫 4 件,然後是言(穀)類陶文 3 件,燕國卷最後是單字類的陶文。

三晉、秦、邾等國的陶文也是按照内容編排的,這裏就不舉例了。

總之,《步黟堂古陶文集存》所著録的三百多件陶文,是戰國時期齊國、燕國、三晉(主要是魏國)、秦國、邾國等國的陶文精品,絶大多數是首次著録,許多字也是首次出現,大大豐富了戰國文字的字形;所收陶文拓製精美,具有極高的藝術價值;内容編排科學合理。該書是研究古陶文必備的參考書,也是研究古文字,尤其是戰國文字的重要書籍。對書法、篆刻愛好者來説,閱讀該書更像赴一場饕餮盛宴。唐存才先生不遺餘力搜羅精品陶文,他藏珍不藏私,及時將自己的珍品刊布,在《書法》雜志上連載,又拓製出版,嘉惠學林,值得稱道!

(徐在國:山東大學文學院兼職特聘教授,250109,濟南)